NCS교육과정에 기반한

전통한식과 약선요리

KOREAN TRADITIONAL FOOD
& MEDICINAL CUISINE

지구문화사
JIGU PUBLISHING Co.

머리말

우리나라 음식은 계절과 지역적인 특성으로 식재료를 다양하게 사용하여 많은 조리법들이 발달한 음식문화를 가지고 계승 발전시키고 있습니다.

더불어 우리나라는 '약식동원' 이라는 사상이 음식에 스며들어 맛과 영양이 어우러진 한국음식이 건강식의 음식으로 자리매 하게 되었습니다. 특히 발효식품은 세계적으로 인정받은 건강한 삶을 오래도록 지속시켜주는 훌륭한 음식이며 또한, 한국음식은 건강에 좋은 웰빙식, 자연의 음식, 종류의 다양성, 여러 식재료가 쓰이는 통합 음식, 풍류와 멋이 있는 음식으로 슬로푸드의 대표적 음식으로 꼽을 수 있으며 친환경 녹색시대를 살고 있는 우리와 세계인 모두가 함께 즐길 수 있는 음식으로 가장 적합한 음식입니다.

우리의 훌륭한 한국음식을 세계화하기 위해서 우리들은 전통음식을 이해하고 그것의 다양함을 개발하여 발전시켜 나가야 할 것입니다.

이 책의 내용들은 한국음식의 기초를 바탕으로 쉽게 설명되어서 전통음식과 약선음식을 배우고자 하는 학생들이나 일반인들 모두에게 유용하게 사용되도록 작성하였으며, 구성은 전통음식과 궁중음식 및 약선음식을 주식, 부식, 발효청, 후식으로 나누어 구성하였습니다.

또한 모든 음식들은 영양적인 면과 기초상식 등을 같이 서술하여 음식의 이해를 쉽게 할 수 있도록 하였으며 모든 레시피는 항상 일정한 맛을 유지하고 일상에 쉽게 적용될 수 있도록 하였습니다.

본서가 나오기까지 많은 도움과 배려를 해주신 학장님과 동료 교수님들께 깊은 감사를 드리고, 좋은 음식이 나올 수 있도록 도와준 제자들에게 고마움을 전합니다.

끝으로 이 책의 출간을 위해 노력해주신 지구문화사 식구들에게도 진심어린 감사의 마음을 전합니다.

정유년 새 봄에

저자

차례

Part I 한국의 음식문화

제1장 한국전통음식의 이해

제2장 약선음식

Contents

Part Ⅱ 한국의 전통음식

Part I 한국의 음식문화

한국의 음식문화사 / 한국의 음식문화와 특징
한국음식의 상차림 / 한국음식의 조리법 / 한국의 세시음식
궁중음식 / 한국음식의 멋 / 약선음식이란? / 약선의 역사
약선요리의 특징 / 약선의 효능 / 건강과 식료 / 식품의 사기
사상의학 / 사계절 약선음식 / 문헌 속 약재의 효능

제1장 한국전통음식의 이해

제 1 절 한국의 음식문화사

우리나라의 개국신화인 "단군신화" 에 보면 쑥과 마늘만을 먹고 사람으로 변한 곰의 이야기가 있다. 이에 대해 인류학자들의 해석은 다양하겠지만 미루어 짐작건대 식(食)문화는 우리생활에서 무시할 수 없는 부분으로 여겨진다.

우리나라 사람들은 웃어른을 만났을 때 "진지 잡수셨습니까?" 하고 묻는 습관이 있다. 이 습관은 어느 때부터였는지는 알 수 없으나 음식 예절에도 관심을 쏟아야 했던 우리 식생활사를 말해주고 있다.

기원전 6000년경부터 만주 남부에서 한반도에 걸치는 지역에 빗살무늬토기를 가지는 신석기인들이 살고 있었는데 선사시대에는 고기잡이나 사냥 등을 주로 하다가 신석기시대 후반부터 원시적인 농경생활을 하게 되었다.

그 후 북방 유목민들이 청동기를 가지고 들어와 이곳의 원주민들과 서로 어울려 우리민족의 원형인 맥족을 형성하게 되었고 단군 고조선이 세워졌다. 그리고 그 뒤에 철기문화가 들어오고 부족국가시대로 접어들어 벼, 기장, 조, 보리, 콩, 팥, 수수 등을 생산하게 되었으며 유목계의 영향을 받아 가축이 크게 발달하였다. 그 이후 농경이 더욱 발달하게 되어, 풍요로운 생산을 기원하고 감사의 뜻으로 하늘에 제사를 지내는 각종 제천의식들이 생기게 되었다.

삼국시대는 수조육류 음식이 발달되었지만 급원의 한계가 있었으며, 신라가 삼국을 통일하고 고려시대에 이르러 불교가 더욱 융성해진다. 이런 환경에서 떡 · 유밀과 · 다식 · 차와 같은 음식이 발달하고 사찰음식이 크게 발달하게 되었다.

조선시대로 들어오면서 유교를 숭상하여 식생활의 규범도 정비가 되고, 양생음식(養生飮食)이 발달하여 약식동의 식생활이 보급된다.

우리의 식생활에 또 하나의 전기를 이룬 것이 고추의 전래이다. 「유봉지설」에서 "고추는 일본에서 건너온 것이니 '왜 개자' 라고 하는데 요즘 이것을 간혹 재배하고 있다." 라고 하였는데, 이를 통해 고추 · 호박 · 고구마 · 감자 같은 식품들이 일본으로부터 들어온 것으로 추측하고 있다. 여기에 채소와 젓갈을 결합시켜 김치를 만들었으니 우리 조상이 개발한 콩장의 맛과 더불어 김치는 우리의 대표적인 음식이 되었다. 이렇게 볼 때 우리의 음식문화사란 유구한 역사와 함께 이루어진 우리의 민족문화사라고 할 수 있다.

제 2 절 한국의 음식문화와 특징

우리나라는 사계절의 구분이 뚜렷하고, 지역적인 기후 차이가 있어 각 지방마다 식물이 다양하게 생산되므로 지역적 특성을 살린 향토음식들이 잘 발달되어 왔다. 또한 수산물과 조육류와 채소류를 이용한 조리법도 발달되었고 장류, 김치류, 젓갈류 등의 발효음식과 식품저장기술도 일찍부터 이루어져 발전되어 왔다.

조선시대 궁중음식을 근간으로 하는 궁중 반가음식 및 일반대중들의 서민음식을 비롯하여 각 지역에 따른 향토음식도 특색 있는 발달을 하여 왔다.

1. 한국음식의 영양적 특징

한국에서는 식물성 식품을 주로 섭취하기 때문에 소화가 잘 되는 반면에 동물성 단백질과 지방의 섭취량이 부족하여 균형잡힌 영양소 섭취가 어렵다.

일찍이 우리나라는 상고시대부터 지리적 위치나 지세 및 기후가 농경에 적합하여 농경을 주로 하는 농경국으로 발전하였다. 따라서 농산물을 주로 한 식생활 문화가 형성되었기 때문에 미곡(米穀) 위주의 식물성 식품이 주류를 이룬다. 그러나 신선로, 전골류, 잡채 등의 음식은 재료를 고루 이용하므로 재료의 배합이 영양상 매우 합리적이다.

2. 한국음식의 조리상 특징

한국음식은 다양한 조리방법이 쓰여 소화가 잘 되고 먹기 편한 점이 있으나 시간과 노력이 많이 든다. 삶기나 전부치기 등의 가열조리법이 많이 쓰이며, 조미료의 사용이 음식마다 대부분 비슷하고 그 양이 많아 식품 본연의 맛이 감소되고 요리마다 맛이 거의 비슷한 감이 있다. 하지만 육류요리 중 너비아니구이나 갈비찜 등은 매우 훌륭한 조리법을 지닌 요리이다. 또한 날것으로 하는 조리법이 드물다.

한국음식의 특징

① 주식과 부식이 명확하게 구분되어 있다.
② 곡물 조리법이 발달하였다.
③ 음식의 간을 중히 여긴다.
④ 조미료와 향신료의 이용이 섬세하다.
⑤ 약식동원의 조리법이 발달하였다.
⑥ 섬세한 손동작이 요구된다.
⑦ 궁중음식과 반가음식 및 서민음식과 함께 각 지역에 따른 향토음식이 발달되었다.
⑧ 상차림에 따른 음식의 종류가 다양하게 개발되어 있다.
⑨ 조반과 석반을 중히 여겼다.
⑩ 저장식품이 발달하였다.

3. 한국음식의 식사예절

(1) 휘건의 사용

서양의 냅킨과 같은 것으로 조선 후기에 궁중의 식생활 풍속이 점차 궁외로 퍼지면서 일부 반가에서도 사용하였다. 명주나 목면 또는 갑사로 만들었으며 후에 민가로 내려와서 행주치마가 된 것으로 보인다.

(2) 겸상의 예의

조석 상차림은 외상을 원칙으로 하고, 겸상이나 셋겸상 등의 풍속이 있었다. 할아버지, 할머니, 아버지, 아들, 며느리, 딸로 구성되어 있는 가족일 경우에는 할아버지께 외상을 차려서 드렸다. 아버지와 아들은 겸상으로 차리지 않는 것이 오랜 풍속이었다. 구태여 겸상을 한다면 할아버지와 손자가 함께 할 수 있었고, 할머니도 외상을 따로 차리는 게 보통이지만, 때로는 손자와 겸상을 하기도 했다. 며느리와 딸은 함께 식사하였다.

(3) 식사 중의 예절

① 웃어른과 함께 식사를 할 때에는 항상 웃어른이 수저를 든 나음에 식사를 시작해야 한다.
② 숟가락과 젓가락을 한 손에 다같이 들고 사용하지 말고, 젓가락을 사용할 때에는 숟가락을 상에 놓고 사용해야 한다. 또한 젓가락을 사용할 때마다 상 위에서 젓가락 끝을 맞추는 소리를 내지 않도록 주의해야 한다.
③ 숟가락이나 젓가락을 국그릇이나 반찬그릇 위에 걸쳐 놓지 않도록 하고 밥그릇이나 국그릇은 손으로 들고 먹지 않도록 한다.
④ 입속에 음식은 너무 많은 양을 넣지 말며 입속에 음식을 넣은 채로 말을 하는 일은 삼가야 한다.
⑤ 김치 국물이나 국 국물을 마시기 위하여 그릇채로 들이마시는 것은 좋지 못하다. 숟가락으로 떠서 마시되, 소리를 내지 않고 가만히 마시도록 한다.
⑥ 식사 중에 기침이나 재채기가 나면 재빨리 머리를 돌리고 손이나 손수건을 대어 남에게 침이 튀거나 지저분한 것이 보이지 않도록 해야 한다.

⑦ 멀리 떨어져 있는 음식이나 양념은 자기의 팔을 길게 뻗어 집어오지 말고 반드시 옆의 분에게 집어 주기를 청하여 받는 것이 좋다.

⑧ 밥이나 반찬을 뒤적거리거나 헤집는 것은 좋지 못하며 한쪽에서부터 먹도록 해야 한다. 또한 젓가락으로 반찬에 붙은 고명을 털어 가면서 먹는 일이 없도록 한다.

⑨ 숟가락을 유난히 빨거나 젓가락으로 이 사이에 낀 음식을 쑤셔서 빼는 일이 없도록 한다.

⑩ 음식을 먹는 도중에 돌이나 가시가 있을 때에는 옆사람에게 보이지 않게 조용히 휴지에 싸서 버리도록 한다. 상 위의 그릇 뚜껑에 지저분하게 뱉어 놓지 않도록 해야 한다.

⑪ 너무 서둘러서 먹거나 지나치게 늦게 먹지 말고 다른 사람과 보조를 맞춘다. 어른과 함께 먹을 때는 먼저 어른이 수저를 내려놓은 다음에 따라서 내려놓도록 한다.

⑫ 숭늉은 대접에 엄지손가락이 빠지지 않도록 두 손으로 들고 마시며 숭늉으로 입속을 양치하듯이 소리를 내며 마시는 일이 없어야 한다.

제 3 절 한국음식의 상차림

상차림법은 그 나라의 풍습에 따라 다르게 차려지는데 우리나라의 상차림은 평면전개형의 상차림법이다.

우리나라의 상차림은 오랜 세월을 지나는 동안 변화되어 지금과 같은 좌식 상차림법은 조선시대에 정립된 것으로 보인다.

우리나라 상고시대의 상차림은 입식 상차림이었다. 이것은 고구려시대의 벽화를 통해 추정할 수 있는 것으로, 다리가 긴 탁자형 상에 음식을 차리고 의자에 앉아 식사하였으며 음식을 담은 기명에는 고배형(高杯型)의 그릇이 많이 쓰였다. 그러나 궁중에서 행한 의례와 제례의 상차림은 예부터의 풍습에 따라 입식 상차림을 하였으며, 조선시대에는 반상 · 주안상 · 교자상 · 돌상 등 여러 가지 상차림의 형식이 정립되었다.

(1) 반상(飯床)차림

반상차림은 밥이 주가 되는 일상 상차림으로 기본은 외상(독상)이다. 반찬의 수에 따라 3첩, 5첩, 9첩, 12첩 등으로 나뉘며 식품의 배합이나 조리법이 중복되지 않도록 고려된 과학적이고 영양의 균형을 이룬 형식이다.

① 밥과 반찬을 주로 하여 격식을 차리는 상차림으로 밥상, 진지상, 수랏상으로 구별하여 쓰는데 받는 사람의 신분에 따라 명칭이 달라진다.

② 한 사람이 먹도록 차린 밥상을 외상(독상), 두 사람이 먹도록 차린 반상을 겸상이라 한다.

③ 외상으로 차려진 반상에는 3첩, 5첩, 7첩, 9첩, 12첩이 있다. 여기에서의 첩이란 밥, 국, 김치, 찌개(조치), 종지(간장, 고추장, 초고추장 등)를 제외한 쟁첩에 담는 반찬의 수를 말한다.

- 3첩 반상 : 반상 중에 가장 간소한 상차림으로 일반인들의 상차림으로 불린다. 밥, 국, 김치, 장 외에 세 가지 찬품을 낸다.
- 5첩 반상 : 어느 정도 여유가 있었던 일반인들의 상차림
- 7첩 반상 : 손님 대접상이나 생신 및 잔치 등의 특별식 상차림
- 9첩 반상 : 반가집에서의 최고 상차림
- 12첩 반상 : 궁중에서 차리는 수라상차림으로 12첩 그 이상이어도 상관이 없다.

④ 첩수에 따른 반찬의 종류를 정할 때는 재료가 중복되지 않도록 하며, 빛깔과 영양도 고려한다.

⑤ 곁상(곁반) : 많은 가짓수의 반찬을 한상 위에 모두 차릴 수 없어 옆에 따라 곁들여 차려 놓은 보조상으로서 7첩 반상 이상의 상을 차릴 때는 곁상이 따르게 된다. 주반(主盤)과 같은 모양으로 되어 있으나 그 크기가 작은 상이다.

⑥ 쌍 조치(찌개가 2가지)일 경우는 토장조치와 맑은 조치를 올린다.

⑦ 마른반찬은 포, 튀각, 북어보푸라기, 부각 등의 마른 찬이며 장과는 장아찌와 숙장과 등이다.

표 1-1 반상차림법

내용 구분	첩수에 들어가지 않는 음식 (기본음식)							첩수에 들어가는 음식 (쟁첩에 담는 음식)										
	밥	국	김치	장류	찌개 (조치)	찜 (선)	전골	나물 생채	나물 숙채	구이	조림	전	마른 반찬	장과	젓갈	회	편육	수란
3첩	1	1	1	1				택1		택1			택1					
5첩	1	1	2	2	1			택1		1	1	1	택1					
7첩	1	1	2	3	2	택1		1	1	1	1	1	택1			택1		
9첩	1	1	3	3	2	1	1	1	1	1	1	1	1	1	1	택1		
12첩	1	2	3	3	2	1	1	1	1		1	1	1	1	1	1	1	1

(2) 죽상차림

응이, 미음, 죽 등의 유동식을 중심으로 하고 여기에 맵지 않은 국물김치(동치미, 나박김치)와 젓국찌개, 마른 찬(북어보푸라기, 어포) 등을 갖추어 낸다. 죽은 그릇에 담아 중앙에 놓고 오른편에는 빈 그릇을 놓아 덜어 먹도록 한다.

(3) 장국상(면상, 麪床)차림

국수를 주식으로 하여 차리는 상을 면상이라 하며 점심으로 많이 이용된다. 경사 때에는 큰상(고임상)을 차리고, 경사의 당사자 앞에는 면과 간단한 찬을 놓은 입매상(면상)을 차린다.

① **면** : 온면 혹은 냉면
② **김치** : 나박김치 혹은 장김치
③ **종지** : 간장, 초간장
④ **나물** : 겨자채, 잡채 중에서 생채와 숙채류
⑤ **찜** : 육류 혹은 채소류 중에서 1가지를 택한다.
⑥ **전유어** : 여러 가지 전유어류와 편육이나 제육
⑦ **편(떡)** : 3색편, 각색편, 단자, 경단류 중에서 1~2가지
⑧ **숙실과** : 유과, 전과, 다식, 강정, 밤초, 대추초, 율란, 조란, 생란 등에서 1~2가지를 겸해 차린다.

⑨ **생실과** : 여러 가지 생 과실류

⑩ **음료** : 여러 가지 화채류, 식혜, 수정과 등

(4) 주안상(酒案床)차림

술을 대접하기 위해서 차리는 상이다. 안주는 술의 종류, 손님의 기호를 고려해서 장만해야 하는데 보통 약주를 내는 주안상에는 육포, 어포, 건어, 어란 등의 마른안주와 전이나 편육, 찜, 그리고 얼큰한 고추장찌개나 매운탕, 전고, 신선로 등과 같이 더운 국물이 있는 음식을 함께 낸다.

(5) 다과상(茶菓床)차림

주안상이나 교자상에서 나중에 내는 후식상 또는 식사대접이 아닌 손님에게 차리는 상차림이다. 각색편, 유과, 다식, 숙실과, 생실과, 화채, 차 등을 차려 낸다.

(6) 교자상(交子床)차림

명절이나 잔치 때처럼 많은 사람이 함께 모여 식사를 할 경우에 차리는 상이다. 교자상을 차릴 때는 종류를 지나치게 많이 하는 것보다 몇 가지 중심이 되는 요리를 특별히 만들고, 이와 조화가 되도록 재료 · 조리법 · 영양 등을 고려하여 몇 가지 다른 요리를 만들어 곁들이는 것이 좋다. 잔칫날 교자상은 반상, 면상, 주안상 모두가 함께 어울린 상차림이다.

(7) 돌상

아기가 태어난지 만1년이 되는 첫생일에 차리는 상이다. 대표적인 음식은 백설기와 수수팥떡이며, 백설기는 아이의 순수함, 수수팥떡의 붉은색은 액을 막아 준다는 풍속이 있다. 남아의 경우 백설기, 수수팥떡, 미나리, 활과 화살, 책을 올리는데, 미나리는 장수의 의미를 가지며 활 · 화살, 책은 용맹과 학문정진을 뜻하며, 여아는 활 · 화살 책 대신 색실 · 실패, 자 등을 놓아 바느질 솜씨가 좋으라고 하였다.

(8) 큰상

혼례 · 회갑(만60세) · 희년(만70세) · 회혼례(부부가 혼인한지 60주년)에 차리는 상을 말하며 이런 큰 행사에는 상을 가장 화려하게, 음식을 고여서 차린다고 하여 고배상 또는 망상이라고 한다. 초대된 사람들에게는 국수장국 등으로 상차림을 하고, 잔치가 끝나면 그 자리에 모인 일가친척이나 손님들에게 음식을 함께 나누며 정을 나누었다. 음식으로는 다식, 당속, 유밀과, 생실과, 정과, 어물, 편육, 건과, 적 등이 있었다.

(9) 제상

인생을 마치게 되면 상례를 치르고 자손들이 제례를 치러 예를 다하였는데, 이때 차리는 상차림을 제상이라고 한다. 제의 음식은 산사람들이 먹는 것과 다를 바 없지만 고춧가루, 파, 마늘은 사용하지 않으며, 밥, 국, 면, 탕, 적, 전, 나물, 김치, 술, 떡류, 과정류, 과일 등을 제수로 올린다. 이외에도 계절에 따라 햇과일, 떡국, 송편 같은 것을 올리기도 하며 젓갈, 식혜, 식초, 간장 등을 올리기도 한다.

제 4 절 한국음식의 조리법

구황식이 평상시 식품으로 전환되면서 식생활의 폭을 넓혀 주고 조리법의 다양화를 가지고 왔다. 죽(粥)은 소화되기 쉽고 영양을 보강하기 쉬워 영양식으로 발달함과 동시에 죽에 넣던 나물과 푸성귀는 계절에 따른 채소의 향긋한 맛을 내는 시절음식과 별식음식 및 향토음식으로 발달하였다.

(1) 밥

쌀을 비롯한 보리 · 조 등 곡물이 주가 되어 물을 붓고 가열하여 곡물을 호화시킨 것으로 우리의 주식이다. 밥을 짓는 방법이나 재료에 따라 여러 가지 밥 종류가 있다. 쌀만으로 짓는 흰밥, 잡곡을 섞어서 짓는 잡곡밥이나 오곡밥 또는 여러 가지 채소류 · 견과류 · 해산물이나 육류를 넣고 밥을 짓기도 한다. 비빔밥처럼 밥을 지어서 다시 조리해 내는 특별한 밥도 있다.

우리나라의 밥 짓는 방법은 수증기로 찌는 방식으로 시작되었고 삼국시대 후기경에 이르러서 물로 끓여 짓는 밥 짓기가 일반화된 것으로 알려졌다.

① 물 조절

밥을 짓는 데 있어 가장 중요한 것은 물 분량이다. 쌀의 건조상태, 햅쌀과 묵은쌀에 따라 물의 분량은 차이가 난다. 햅쌀의 경우 1:1의 비율이 적당하며 묵을수록 물의 양이 늘어나 1:1.5까지 필요하다.

② 불 조절

밥을 지을 때 화력 및 시간 조절은 두 번째 중요한 요소이다. 물을 넣어 처음 끓이는 시간은 강한 불에서 끓을 때까지의 시간은 10~15분으로, 그 다음 10분 정도는 화력을 중간 정도로 하여 밥물이 쌀알에 흡수되고 녹말분이 투명해져서 완전히 익고 광택이 나게 한다. 그 다음은 불을 약하게 하여 10여 분 동안 뜸을 들이는데 이때 뜸이 충분히 들여져야 맛있게 밥을 지을 수 있다. 화력이 아주 약하면서도 지속되는 상태가 바로 밥 뜸이 충분히 들여진 맛있는 밥을 짓는 요령이다.

(2) 죽

곡류를 주재료로 해서 만든 반유동식 일종으로, 물은 보통 쌀량의 5~7배가량을 부어야 하며 기호에 맞추어 물의 양을 가감하면 된다.

죽은 우리 음식 가운데서 일찍부터 발달한 주식의 하나이다. 우리 주식은 찌거나 끓이는 방법보다도 쑤는 방법이 가장 일찍 발달되었다. 쑨다는 것은 곡식의 낟알이나 가루를 오랫동안 완전히 호화되도록 끓임으로써 죽이나 풀이나 묵 등을 만드는 유동식의 조리법을 말한다.

쌀을 통으로 쑤는 옹근죽, 쌀알을 굵게 갈아서 쑤는 원미죽, 완전히 곱게 갈아서 쑤는 무리죽 또는 비단죽이 있다.

① 암죽 : 곡식을 말려 가루로 만들어 물을 넣어 끓인 죽으로, 이유식이나 환자식 및 노인식으로 많이 쓰인다. 쌀가루를 백설기로 만들어 말렸다가 끓인 것을 떡암죽이라 하고 쌀을 쪄서 말린 후에 가루로 하여 끓인 것은 쌀암죽이라 한다.

② **미음** : 미음은 건더기없이 한 것으로 쌀에 물을 많이 붓고 오래 끓여 체에 밭친다.

③ **응이** : '응의' 또는 '의의' 라고도 하는데 녹말을 물에 끓인 것으로 죽보다 묽은 상태이기 때문에 마실 수 있는 정도이다. 농도는 기호에 따라 조절할 수 있다.

(3) 탕

밥과 함께 차리는 국물이 있는 조리법이다. 간을 간장으로 맞추는 맑은장국과 된장 · 고추장으로 간을 한 토장국, 재료를 맹물에 푹 고아서 만든 곰국, 여름철 오이나 미역 등으로 약간 신맛을 내는 냉국 등이 있다. 탕의 재료로는 채소류, 육류, 어패류, 조류, 버섯류, 해조류 등이 사용되어 가짓수가 다양하다.

형식을 차린 반상에는 원칙적으로 맑은장국을 차리는데 국물을 만들 때는 두 가지 방법이 있다. 그 하나는 육류 · 생선뼈 · 수조육의 뼈 등을 처음부터 물에 넣고 충분히 오랫동안 끓인 후에 건더기를 건져내고 국물에 간을 맞춘 후 여기에 채소류 · 해조류 · 생선류 · 육류 등을 넣어 맑은장국을 끓이는 방법이다.

또 한 방법은 살코기를 조미하여 볶는 듯이 끓이다가 물을 넣고 푹 끓여 맑은장국의 기본 국물을 만든 후 여기에 채소류, 해조류, 생선류, 육류, 조개류 등을 섞어 여러 가지 맑은장국을 끓인다. 특히 생선으로 맑은장국을 끓일 때에는 먼저 국물을 끓이고 생선토막을 넣어 생선이 부서지지 않도록 한다.

간장 맛이 좋아야 맛있는 맑은장국을 끓일 수 있으며 육수용에 적합한 쇠고기 부위로는 양지머리, 사태, 가리(갈비) 등을 들 수 있다. 탕은 본래 간장으로 간을 하던 것이었다. 그런데 세종대왕이 동대문 밖 선농단(先農檀)의 권농행사에 행차하였을 때 마침 비바람이 심하여 교통이 두절되어 신하들이 시장을 느끼는 모습을 보고 밭을 갈던 소를 잡아 맹물에 넣고 끓여 근처에서 소금만을 구하여 간을 맞춰 먹게 했다고 하여, 이 국을 "선농탕" 이라 하였다.

이것이 현재 서울의 명물인 "설렁탕" 의 유래이며 이로부터 국에 소금간을 하기 시작하였다 한다.

이와 같이 맹물에 푹 고아서 만드는 곰탕류는 조리법이 간단하고 먹기에도 편하여 질이 낮은 하육이나 뼈를 이용해도 영양과 맛이 좋은 음식이 될 수 있어서 널리 이용되는 조리법이다.

(4) 조치(찌개)

'조치' 라 함은 보통 우리가 '찌개' 라 부르는 것을 궁중에서 불렀던 이름인데, '찌개' 는 '국' 과 거의 비슷한 조리법으로 '국' 보다는 국물이 적고 짠 것이 특징이다.

새우젓이나 간장으로 간을 한 새우젓찌개와 국물이 맑은 조치, 그리고 고추장 · 된장으로 간을 맞춘 토장조치로 나눌 수 있다. 7첩반상 이상의 상차림에서는 두 가지 조치를 같이 차리기도 한다.

(5) 전 골

전골은 산해진미 여러 가지 재료들을 한 그릇에 색 맞추어 담고 맑은 육수에 간장으로 담백하게 간을 한 육수를 국물로 붓고 끓인 것으로 궁중용어로는 '전철안(煎鐵案)' 이라 한나.

원래 전골은 궁중용어로는 '전철안(煎鐵案)' 이라 하는데 이것은 상고시대 진중군사(陣中軍士)들이 그릇이 없던 차에 머리에 썼던 철로 만든 전립(氈笠)을 벗어서 여러 재료를 넣고 끓인 데서 그 어휘가 시작되었다고 한다.

전골은 반상이나 주안상에 차려지며 전골을 더욱 풍미있게 한 것이 신선로(열구자탕)인데 이것은 교자상이나 면상 등에 차려진다.

신선로는 우리 고유음식 가운데 잘 알려진 음식으로 특이한 그릇과 재료의 다양성 등이 뛰어난 자랑할 만한 음식이다. 그런데 이 신선로의 유래는 이조 연산군 때 정희랑이 속세를 버리고 산중을 편력하여 지낼 적에 화로를 만들어 조석이면 거기에 채소 등을 넣고 끓여 먹으며 지내다가 별세한 후, 그 그릇을 말하기를 신선이 되어 간 분의 화로라는 뜻에서 신선로라 하였다는 설이 있다. 그러나 고서에는 '신선로' 라는 말 외에도 입을 즐겁게 해주는 국이라 하여 '열구자탕(悅口子湯)' 이라 기록되어 있다.

(6) 찜과 선

찜은 주재료(갈비 · 닭 · 생선 등)에 양념을 하여 물을 붓고 푹 익혀서 그 재료의 맛과 양념이 고루 함께 어울리도록 조리하는 방법으로, 특히 갈비찜 · 닭찜 · 도미찜 등이 반상이나 교자상 및 주안상 등에 차려진다. 대체로 육류를 찜의 조리법으로 하면 주재료의 이름을 따서 "○○찜"이라고 한다. 오이, 가지, 호박, 두부에 버섯, 쇠고기 등을 소로 넣어 육수로 살짝 끓이거나 찜통에 넣고 증기에 찜하기도 한다. 주재료인 경우는 "○○선"이라고 한다.

(7) 전유어와 적

전유어(煎油魚)는 생선을 기름에 지지는 조리법을 말하는데, 생선뿐만 아니라 육류 · 어류 · 채소류 · 버섯류 등 재료에 밀가루를 묻히고 달걀물을 씌워서 번철에 기름을 두르고 지지는 방법이다.

전유어를 이조시대 궁에서는 "전유화(煎油花)" 또는 "전유아"라 하였으며 민가에서는 "저냐"라고도 하고 보통은 "전(煎)"이라고 하였다. 전유어가 놓이는 상차림에는 초간장이 놓인다. 전유어용 재료는 신선해야 하며 재료에 소금간은 재료의 2% 가량이면 적당하다.

적(炙)은 넓게 지지거나 꼬치에 꿰어서 넓은 조각으로 만들어 굽거나 번철에 전유어와 같은 방법으로 조리하는 음식이다.

일반적으로 이름 붙임에 있어 양념은 했으나 익히지 않은 생것이 꼬치에 꿰어질 때에는 "산적", 이미 양념되어 익혀진 것이 꼬치에 꿰어지면 "누름적", 밀가루 부침식으로 넓게 번철에 부친 것은 "지짐 누름적"이라 한다.

(8) 구 이

조리법 가운데 가장 먼저 생긴 것이 구이로, 특별한 기구가 필요하지 않은 조리법이다.

생선은 한쪽면을 곱게 익히고 다른 한쪽은 약한 불에서 천천히 속까지 익힌다. 육류는 센불에서 직접 익힌다.

지방이 많은 것은 직화로 구우면 기름이 불 위로 떨어져서 타기 때문에 그 불꽃에 그을려 색과 맛이 나빠지므로 옆에서 부채질하여 불꽃이나 연기가 식품에 닿지 않도록 한다.

(9) 조 림

조림은 기호에 따라 짭짤하게 또는 싱겁게 하는데, 조금 오래 두고 먹을 것은 간을 약간 세게 한다. 일반적으로 맛이 담백한 흰살생선은 간장으로 조리고, 비린내가 심한 생선은 간장에만 조리는 것보다 고추장이나 고춧가루를 넣고 조림하는 것이 더 좋으며, 양념에 생강과 정종을 곁들이면 훨씬 풍미 있는 조림을 할 수 있다.

또 초(炒)라는 것은 원래 '볶는다' 라는 뜻이 있으나 우리나라 조리에는 조림처럼 조리다가 녹말을 풀어 넣은 후 국물이 걸쭉하고 윤기가 나게 한다. 대체로 간을 세게 하지 않는다.

(10) 숙 채

숙채(熟菜)란 원래 익힌 나물이란 뜻이지만 보통은 숙채란 말보다는 나물이라고 한다. 반상에 차려지는 채소류 조리법으로서 기름장에 볶아서 양념하는 방법이 있고 끓는 물에 데쳐서 양념하는 방법이 있다.

(11) 생 채

생채(生蔡)는 보통 채소류를 익히지 않고 무치는 조리법으로 식초를 넣어 새콤달콤하게 무치는 것이 특징이다. 따라서 맛은 숙채보다 훨씬 산뜻하고, 무엇보다도 재료 자체의 맛을 그대로 살리는 것이 중요하다.

일반적으로 고추장 또는 고춧가루에 식초와 설탕 등 그 외 양념을 넣어 무친다. 교자상이나 주안상에 차려지는 음식으로서 겨자즙에 무친 "겨자채", 잣즙에 무친 "실백냉채", 호두즙에 무친 "호두냉채" 등이 있다.

(12) 마른 찬

마른 찬은 반상 · 주안상 · 교자상 등 여러 종류의 상차림에 쓰이게 되는데 육류를 조미한 다음 말려서 만드는 육포류, 흰살생선을 얇게 저미고 조미하여 말린 어포류, 그리고 민어 · 대구 · 명태 · 뱅어 · 조기 등 생선류를 소금에 절였다가 말린 염건어류 등 그 종류가 많다. 또한 다시마, 미역 등을 기름에 튀기거나 볶아서 상에 차리기도 한다. 민어알, 숭어알 등을 말린 어란은 고급 마른 찬에 속한다. 그리고 재료에 찹쌀풀을 쑤어 발라서 말려 두고 필요할 때마다 기름에 튀겨 먹는 부각류도 있다.

(13) 젓 갈

새우 · 조기 · 게 · 조개 · 멸치 등의 생선의 살, 알 등을 소금에 짜게 절여서 만드는 것으로, 우리나라에서는 이미 상고시대부터 어패류, 수조육류의 보관방법으로 건조법과 젓갈담그기를 하였다. 우리나라에서는 일찍부터 개발되어 내려오는 조리법인 동시에 식품저장법의 하나이다.

제 5 절 한국의 세시음식

기후와 계절에 영향을 많이 받는 우리나라는 예부터 세시풍습이 발달하였다. 이는 농경과 깊이 관계되었으며 종교적으로도 불교와 유교의 영향으로 조상에게 예를 올리게 되었다. 세시음식은 절식과 시식으로 나뉘는데, 절식이란 다달이 있는 명절에 먹는 음식이고, 시식은 계절에 따라 나는 식품으로 만드는 음식을 말한다.

1. 절 식

설날절식, 상원절식, 입춘절식, 중삼절식, 등석절식, 단오절식, 유두절식, 삼복절식, 추석절식, 중구절식, 상달절식, 동지절식, 납향절식 등이 있다.

① 설날절식

묵은 해를 보내고 새해의 첫날을 맞아 새로운 몸가짐으로 가내 만복을 기원하며 세찬과 세주를 마련하여 조상께 차례를 올리는 날로써 차례상에 메 대신 떡국을 올린다. 떡국은 백색의 음식으로 새해를 시작함으로써 천지만물의 부활 신생을 의미한다는 종교적 뜻이 담겨져 있다.

② 입춘절식

봄이 시작되는 날로 집집마다 입춘대길이라는 봄맞이 글귀를 붙이는 날이다. 오신반은 재료가 극히 제한된 것이었으나 일부 상류층의 절식이었다.

③ 상원절식(정월대보름)

신라시대부터 지켜온 명절로 재앙과 액을 막는 제일(祭日)이며 정원 14일 저녁에는 오곡밥과 9가지의 묵은 나물 및 나박김치를 준비하여 일찍 저녁을 먹는다. 보름날 새벽에는 부럼을 깨물어 멀리 던지면 1년 동안 부스럼이 없으며 이가 단단해진다고 하였다. 그리고 아침상에는 귀밝이술을 마시면 일년내 귀가 밝아지고 몸에서 잡귀를 몰아낸다고 한다.

또한 김이나 채엽에 밥을 싸서 먹는 복쌈은 풍년들기를 기원하며 먹었고, 묵은 나물은 9가지로 더위를 타지 않는다고 하여 먹었다.

④ 중삼절식

3월 3일 삼짇날이라 하는데 강남갔던 제비가 놀아와서 봄을 알리는 날이다. 유생들은 화류를 즐겼으며 그 고적이 경주 포석정에 남아 있다. 대표적인 절식으로는 진달래화전, 오미자즙으로 만든 화면과 수면 및 청면 등이 있다.

⑤ 등석절식

사월 초파일 석가탄신일로, 소밥이라 하여 느티나무 열매로 만든 시루떡의 일종인 느티떡과 볶은콩 및 미나리강회 등을 먹었다.

⑥ 단오절식

조선시대 4대 명절의 하나로써 우리말로 '수릿날' 이라고도 한다. 단오의 가장 널리 알려진 절식은 '수리취절편' 이다. 수리취떡은 쌀가루에 수리취(쑥)를 넣어서 만들어 낸 것이다. 또 하나의 절식으로 오매, 백단, 사인, 초과 등을 달여 꿀을 섞은 차가운 차인 '제호탕' 을 들 수 있다.

⑦ 유두절식

음력 6월 15일에 동으로 흐르는 물에 머리를 감고 재앙을 푼 다음에 음식을 차려서 물가에서 술자리를 만들어 유두연을 베풀었는데, 이때 수단을 만들었다. 유두절식에는 수단, 편수, 증편, 밀쌈 등이 있다.

⑧ 삼복절식

여름철 중 가장 더운 초복, 중복, 말복을 가리켜 삼복이라 한다. 이때 땀을 많이 흘리기 때문에 보양음식을 즐겼다. 삼복절식의 대표적인 것은 개장국과 삼계탕, 임자수탕 등이며, 복죽(팥죽) 등이 있다.

⑨ 추석절식

음력 8월 15일은 추석 또는 한가위라 하여 햇곡식, 햇과일이 풍성하여 명절 중 가장 풍성한 마음으로 맞이하는 날이다. 추석에는 조상님께 천신하는 마음으로 차례를 모시며 대표적인 절식에는 솔잎 향기가 나는 송편과 토란탕이 있다.

⑩ 중구절식

음력 9월 9일은 중구라 하여 삼짇날 온 제비가 강남으로 다시 떠나는 날이다. 중구절식에는 국화전, 국화주, 국화화채 등을 먹었다.

⑪ 상달절식

10월 상달은 집안의 풍요함을 비는 뜻에서 고사를 지내는 풍습이 있다. 햇곡식으로 술을 빚고 시루떡을 만들어 먹으며 지냈다.

⑫ 동지절식

동지는 하루 중 낮이 가장 짧은 날로 '작은 설' 이라고도 불리운다. 새해 복이 들어오길 기원하며 복조리를 걸어두거나 팥죽을 쑤어 먹는다. 팥죽에는 찹쌀가루로 둥글게 빚은 새알심을 나이대로 넣어서 떠 주었고 귀신을 쫓는다 하여 장독대와 대문에 뿌리기도 했다.

⑬ 납향절식

한해동안 농사일과 결과 등 천지만물의 덕에 감사하기 위하여 고사를 지내는데 이를 납향이라 한다. 납(臘)이란 사냥한다는 뜻으로 산짐승을 사냥하여 제물로 드리고 절식으로 전약, 제육 · 참새구이, 산토끼구이 등이 있다.

2. 시절음식

우리나라는 봄, 여름, 가을, 겨울이 명확하여 예로부터 민족의 식생활에서 계절적 특성을 가지게 되었다. 그것은 모든 음식들이 제철에 나는 것으로 만들어야 가장 맛이 좋고 영양가도 높으며 입맛을 당기게 하고 건강에도 이롭기 때문이다.

① 봄

봄이 오면 사람들은 입맛을 당기게 하고 기력을 도우며 산뜻한 맛과 싱그러운 향기, 아름다운 색깔을 가진 음식을 만들어 먹기 위해 쑥 · 달래 · 냉이 같은 나물을 이용한 음식을 먹게 되었다. 쑥은 사람들의 입맛을 돋우기 위한 더없이 좋은 재료이다. 이외에도 달래김치와 냉잇국, 그리고 봄의 상징인 진달래꽃을 가지고도 음식을 만들었다.

② 여름

여름에는 사람들이 땀을 많이 흘리고 더위 때문에 입맛이 떨어지므로 시원한 음식, 기력을 돋우는 음식을 요구한다. 대표적인 음식으로는 녹두녹말을 가지고 쑨 청포묵과 노란색 치자 물을 들인 녹두묵이 좋은 음식이다. 또한 콩국과 깻국은 질 좋은 단백질과 기름을 보충해 주어 여름철 사람들의 원기회복에 좋다. 또 육개장, 개장국, 애호박으로 만든 편수 등은 영양가가 높은 음식들이다. 이와 같이 더위로 인한 영양분의 소모를 보충하기 위하여 단백질과 비타민이 풍부한 음식을 해먹는 풍습은 과학적이고 영양균형을 이룬 우리 민족의 식생활 일면을 잘 보여준다.

③ 가을

한해농사를 마무리짓는 가을의 대표적인 시식으로는 솔잎을 이용한 송편과 토란국이 있다. 소화성이 좋은 토란에 쇠고기나 다시마를 넣어 끓인 토란국은 가을에 맛볼 수 있는 국이다.

④ 겨울

겨울에는 반년양식이라 하여 김장을 하였으며, 시루떡을 먹었다. 겨울은 한 해가 가고 새로운 한 해가 오는 계절로서 음식과도 밀접한 관련성이 이다. 동짓날의 팥죽, 대보름의 오곡밥과 아홉 가지 묵은 나물, 부럼, 설 명절의 만두와 떡국 등이 겨울철의 시식이라 할 수 있다. 또한 시원하고 단 식혜도 겨울철의 음식이다.

제 6 절 궁중음식

(1) 궁중음식의 개요

궁중은 음식문화가 가장 발달한 곳으로 예로부터 우리나라는 왕권 중심의 국가여서 모든 것들이 궁중에 집중되어 있었기에 자연히 식생활도 가장 발달하였다.

조선시대 이전의 궁중음식의 역사는 고려~조선조 성종까지의 내용이 기록된 〈경국대전〉을 통해, 조선조 궁중음식의 역사는 〈진찬의궤〉와 〈진연의궤〉를 통해, 궁중의 음식 발기는 〈왕조실록〉 등의 문헌을 통해 의례의 내용과 기명 · 조리기구 · 상차림 구성법 · 음식의 이름과 재료 등을 알 수 있다.

궁중음식은 각 지방에서 올라온 최고의 진상품을 가지고 주방상궁과 숙수들의 손에 의해 발달되고 잘 다듬어져서 지금까지 전승되어 왔다. 궁중음식이 사대부집이나 평민들의 음식과 전혀 다른 것은 아니다.

왕족과 사대부가의 혼인으로 왕족과 사대부가와의 교류가 생기면서 궁중음식이 사대부가에 전해졌다. 때때로 궁중의 음식이 민가에 하사되기도 하고, 사대부가에서도 음식을 마련하여 궁중에 진상하였기에 비슷한 점이 있다.

(2) 조선시대 궁중의 식생활

① 초조반상

이른 아침 7시 전에 먹는 조반이므로 초조반 또는 자릿조반이라고 하는데, 보약을 먹지 않는 날에는 유동식으로 보양이 되는 죽, 응이, 미음 등을 주식으로 하여 간단하게 차린 상을 이른 아침에 올렸다.

② 수라상

궁중에서 수라상은 아침 10시와 저녁 5시에 두 번 차린다. 평상시의 수라상은 수라간에서 주방상궁들이 만들어 왕과 왕비께 각각 올리며 겸상을 하는 법이 없다. 그리고 왕족인 대왕대비전과 세자전은 각각의 전각에서 따로 살림을 하며 거기에 딸린 주방에서 만들어 올린다. 수라상에 올리는 음식은 왕의 침전과 멀리 떨어진 안소주방(內燒廚房 : 왕과 왕비의 조석 수라상을 관장하며 주식에 따르는 각종 찬품을 맡아 함)에서 만들어 운반하므로 음식이 차가워지면 침전과 안소주방 사이의 퇴선간에서 다시 데워 수라상에 올린다.

③ 수라상의 찬품

평소의 수라상은 12첩 반상차림으로 흰밥과 붉은 팥밥, 미역국과 곰탕과 조치, 전골, 젓국지 등의 기본 찬과 12가지 찬들로 구성된다. 기본 음식으로 수라는 흰밥과 팥 삶은 물로 지은 찹쌀밥인 붉은 팥밥 2가지를 수라기에 올려 선택할 수 있게 한다.

탕은 미역국과 곰탕 2가지를 모두 탕기에 담아 올려 그때그때 좋아하는 것을 골라서 먹도록 준비한다. 조치는 토장조치와 젓국조치 2가지를 조치보에 담고, 이 외에 찜 · 전골 · 침채류 · 장류 등이 기본이다.

쟁첩에는 더운 구이, 찬 구이, 전유화, 편육, 숙채, 생채, 조리개, 장과, 젓갈 등 12가지 찬을 다양한 재료로 조리법도 각기 달리하여 만들어 담는다. 소원반에 숭늉도 같이 올린다.

④ 수라상의 기명

수라상은 대원반, 소원반, 책상반의 3개의 상으로 구성되어 있다. 대원반은 붉은 주칠의 호족반으로 중앙에 놓인다. 곁반으로 소원반과 책상반을 쓰는데 소원반은 대원반과 똑같은 모양으로 크기만 작다. 대원반에는 왕과 왕비가 앉아서 먹고 소원반과 책상반에는 상궁이 앉아 시중을 든다. 반상기는 철에 따라 다르게 사용하는데, 추운 계절에는 은반상기나 유기반상기를 사용하고, 더운 계절에는 사기반상기를 사용하여 음식을 시원하게 유지하였다. 수저는 계절에 상관없이 일 년 내내 은수저를 사용하였다.

표 1-2 수라상의 찬품과 기명

궁중의 음식명			일반음식명	기명
기본 음식	수라	흰밥, 붉은 팥밥(2가지)	밥, 진지	수라기, 주발
	탕	미역국, 곰탕(2가지)	국	탕기, 갱기
	조치	토장조치, 젓국조치(2가지)	찌개	조치보, 뚝배기
	찜	찜	찜	조반기, 합
	전골	재료, 전골틀, 화로 준비	전골	전골틀, 합종지, 화로
	김치류	젓국지, 송송이, 동치미(3가지)	김치, 깍두기	김치보, 보시기
	장류	청장, 초장, 윤집, 겨자집(3가지)	장, 초간장, 초고추장, 겨자즙	종지
찬품 (12첩)	더운구이	육류, 어류의 구이나 적	구이, 산적, 누름적	쟁첩
	찬 구이	채소, 김의 구이나 적	구이, 적	쟁첩
	전유화	육류, 어류, 채소의 전	전유어, 저냐, 전	쟁첩
	편육	육류 삶은 것	편육, 수육	쟁첩
	숙채	채소류를 익혀서 만든 나물	숙채(나물)	쟁첩
	생채	채소류를 날로 조미한 나물	생채	쟁첩
	조리개	육류, 어패류, 채소류의 조림	조림	쟁첩
	장과	채소의 장아찌, 갑장과	장아찌	쟁첩
	젓갈	어패류의 젓갈	젓갈	쟁첩
	마른 찬	포, 자반, 튀각 등의 마른 찬	포, 튀각, 자반	쟁첩
	별찬(1) 별찬(2)	육, 어패, 채소류의 생회 숙회	회	쟁첩
	별찬수란	수란 또는 다른 반찬	수란	쟁첩
차수	치수	숭늉 또는 곡물차	숭늉	다관, 대접

⑤ 낮것상

오후 1시 또는 2시경에는 면을 위주로 한 간단한 다과상이나 죽 및 응이 등의 유동식으로 간단하게 마련한다.

(3) 궁중음식의 특징

① 각 지방의 특산물이 제철에 맞게 신선한 재료 또는 가공물로 진상되었다.

② 계절에 처음으로 나온 과일이나 농산물을 먼저 조상께 제사 지내는 풍습이 있다.
③ 궁중의 연회, 영접, 가례에서의 잔치로 고임새의 음식이 발달하였다.
④ 육류음식, 특히 소고기 조리법이 발달하였다.
⑤ 다양한 장으로 조리법에 따라 달리 사용되었다. (진장-약식, 조리개, 초/중장-구이, 찜/청장-국, 나물)
⑥ 강한 향신료를 쓰지 않고 매운 찬이나 냄새가 나는 찬은 거의 없다.
⑦ 상차림과 식사예법 : 시중 드는 사람이 많다.

제 7 절 한국음식의 멋

(1) 오미(五味)

식품을 입안에서 느끼는 맛을 다섯 가지로 구분하여 매운맛, 단맛, 쓴맛, 신맛, 짠맛을 오미라 한다. 각 식품의 맛은 오장에 영향을 주므로 오미를 골고루 먹게 되면 장기를 튼튼히 하고 보하는 데 도움을 주며 장부음양에 균형을 이뤄 건강을 유지하고 질병예방과 치료에도 관여한다.

오미론에서 매운맛은 기로 가서 작용하므로 기병에는 매운 음식을 삼가고 짠맛은 혈로 통하니 혈에 의한 질병에는 짠음식을 피하는 것이 좋고 쓴맛은 뼈로 가 작용하므로 쓴맛이 강한 음식은 뼈 건강에 해롭고 단 것은 살로 가서 몸에 과하게 작용하니 단 것을 주의하고 신 것은 간으로 작용하여 간이 약한 사람은 신 것을 절제하여야 한다고 한다. 각각의 맛은 몸에 작용을 돕는 기능 또한 있다.

① 매운맛

매운맛은 발산 및 건위 작용을 한다. 주로 표증이나 기혈순환을 돕고 풍한습사가에 사용되면 효능이 있으며 위장유동을 활발하게 하여 소화분비액을 촉진시키고 혈액순환과 소화효소를 활발하게 하는 작용을 한다. 매운맛의 식품은 생강 · 파 · 향채 · 무 · 양파 · 겨자 · 고추 · 부추 · 마늘 · 후추 · 진피 · 회향 등이 있다.

② 짠맛

짠맛은 해초류나 해산물 등에 많이 들어 있으며 보신양혈작용이 있다. 임파선이 굳거나 담이 뭉쳐 있거나 덩어리가 진 병증에는 해초류를 사용하며 신장이 허약할 땐 오리고기와 자라고기 및 개고기를 사용하고 혈액이 허약할 땐 오징어 · 메추리알 · 돼지족발 · 해삼 · 전복 등을 사용하며 대변이 굳어 있을 때는 해조류와 해파리를 사용한다. 짠맛의 대표식품은 미역 · 다시마 · 해삼 · 보리 · 조 · 콩 등이나 씨앗종류에 짠맛이 있다.

③ 쓴맛

쓴맛은 청열조습건위작용이 있다. 몸에 열이 있는 체질이나 습성 체질인 사람에게 도움을 주며 쓴맛의 식품은 마음에 작용하여 심을 보양한다. 몸의 열을 없애고 습기를 제거하는 작용이나 강하작용을 하여 몸을 가뿐하게 한다. 그러나 과식하면 양기를 잃게 된다. 대표식품으로는 케일 · 씀바귀 · 취나물 · 민들레 · 녹차 · 쑥 · 구기자잎 · 칡 · 도라지 · 더덕 등이 있다.

④ 단맛

단맛은 오장을 모두 보하고 자양 보미 윤조에 작용하며 기혈보충을 하여 허약한 체질에 작용하여 기운을 돋우며 살이 오르게 해준다.

그러나 심혈관 질환이나 동맥경화 · 비만 · 당뇨에는 조절하여 음식을 섭취하여야 한다. 대표식품으로는 기장 · 쌀 · 대추 · 소고기 · 시금치 · 산약 · 채소류 · 생선류 · 고기류 · 과일류가 여기에 속하며, 우리의 일상식에 주로 가장 많이 먹게 되는 식품들이다.

⑤ 신맛

신맛은 식욕을 증진시키고 간의 기능과 쓸개 기능을 높이며 칼슘과 인의 흡수력을 높여 주고 비타민과 무기질은 눈의 기능을 좋게 한다.

신맛을 가진 식품은 간에 작용하여 간을 보양한다. 지나치게 나가는 것을 억제하여 근육을 수축하는 작용이 있기 때문에 소염이나 '잘 때 땀을 흘리는 증세', 만성설사나 빈뇨 등에 효과적이다. 그러나 이들 식품을 과식하면 그 수축작용으로 인하여 몸안의 발산을 방해하고 위의 기능을 나쁘게 하므로 지나치지 않도록 한다. 대표식품으로는 식초 · 매실 · 오미자 · 사과 · 귤 · 석류 · 산사 · 레몬 · 포도 · 살구 등 유기산이 많은 과일류가 많다.

(2) 오방색(五方色)

오방색은 황(黃) · 청(靑) · 백(白) · 적(赤) · 흑(黑)의 5가지 한국의 전통색을 말한다. 음과 양의 기운이 생겨나 하늘과 땅이 되고 다시 음양의 두 기운이 목(木) · 화(火) · 토(土) · 금(金) · 수(水)의 오행을 생성하였다는 음양오행사상을 기초로 한다.

- 황(黃) : 오행 가운데 토(土)에 해당하며 우주의 중심이라 하여 가장 고귀한 색으로 취급되어 임금의 옷을 만들었다.
- 청(靑): 오행 가운데 목(木)에 해당하고 방위는 동쪽으로, 만물이 생성하는 봄의 색이며 귀신을 물리치고 복을 비는 색으로 쓰였다.
- 백(白): 오행 가운데 금(金)에 해당하며 방위는 서쪽으로, 결백과 진실 · 삶 · 순결 등을 뜻하기 때문에 우리 민족은 예로부터 흰옷을 즐겨 입었다.
- 적(赤): 오행 가운데 화(火)에 해당하며 방위는 남쪽으로, 생성과 창조, 정열과 애정, 적극성을 뜻하여 가장 강한 빛깔로 쓰였다.
- 흑(黑): 오행 가운데 수(首)에 해당하며 방위는 북쪽으로, 인간의 지혜와 정화를 관장한다고 생각했다.

이처럼 음양오행사상에 기초하여 오방색은 우리의 생활과 밀접한 관련을 맺고 있다. 돌이나 명절에 어린아이에게 색동저고리를 입히며, 간장 항아리에 붉은 고추를 끼워 금줄을 두르고 숯을 넣어 정화를 시키며 잔치상의 국수나 비빔밥 위에 오색 고명을 올려 복을 기원하였다. 이뿐만 아니라 붉은빛이 나는 황토로 집을 짓거나, 신년에 붉은 부적을 그려 대문에 붙이는 풍습, 그리고 궁궐 사찰 등의 단청에 색을 입히고 고구려의 고분벽화나 조각보 등의 공예품 등에서 오방색을 사용하여 번창과 우주만물의 순조로운 조화를 기원하였다는 것을 알 수가 있다.

① 적색

주로 순환기계통으로 작용되어 혈관이나 간장질환에 좋은 역할을 하며 남성의 전립선예방과 동맥경화에 효과적이고 붉은 색소인 안토시아닌 성분은 소염작용과 노화방지 혈액을 맑게 하며 심장 기능을 튼튼하게 한다.

토마토 : 혈당을 낮춰 주고 고혈압 · 비만 · 당뇨 등 성인병 예방에 효과적이다. 육류와 섭취하면 콜레스테롤 수치를 낮춰 주는 기능을 하며, 항암효과와 면역력 증강에 도움을 준다.

딸기 : 동맥경화, 심장질환, 당뇨와 변비에 효능이 있다.

수박 : 이뇨작용과 해열작용을 하며 심장의 열을 식히고 고혈압에 효과가 있다.

사과 : 지방을 분해하며 고혈압 비만 변비에 효능이 있다.

당근 : 보혈작용이 있고 발육을 촉진하며 콜레스테롤 수치를 낮추고 담결석 · 야맹증 · 항암 · 소염작용에 도움을 준다.

산사 : 소화기능이 뛰어나고 지방을 분해하며 동맥경화나 심장질환에 효능이 있다.

대추 : 신경쇠약과 심혈관질환 및 빈혈에 도움을 주며 혈을 맑게 하여 면역강화와 노화방지에 효능이 있다.

② 백색

기관지 기능을 원활하게 하며 폐 기능을 강화하고 바이러스에 저항력이 있어 면역력을 높이며 피부를 윤택하게 한다. 특히 가래와 기침을 치료하는 데 효과적이다.

양파 : 기운을 강하게 하고 혈액순환을 원활하게 하며 고혈압과 심혈관질환에 작용한다. 소화불량이나 위산분비에 도움을 주며 육류의 섭취 시 함께 먹으면 소화와 몸속의 지방축척 증세를 예방할 수 있다.

무 : 소화를 촉진하고 만성 기관지염에 작용하여 가래, 천식에 효과적이며 이뇨작용에도 도움을 준다.

도라지 : 폐 기능을 강화하고 기침, 가래를 삭히는 데 도움을 주며 인후통증을 없애 주고 사포닌 성분은 면역력 강화에도 효과적이다.

더덕 : 폐의 기운을 잘 통하게 하여 폐의 열을 식히고 인후가 건조한 증상이나 기침 및 폐결핵에 효능이 있다.

마늘 : 마늘은 기를 돌게 하고 역병을 미리 막으며 독을 푼다. 삶아서 꿀과 먹으면 기관지염증과 천식에 효능이 있다고 한다. 성분 중 알리신은 항산화작용으로 세포 노화방지 및 암의 예방과 살균작용, 식중독 예방에 효능이 있다.

배 : 호흡기질환 치료에 효과가 있고 기침이 심하게 나는 사람이나 성대를 보호하고 기관지의 피로를 풀어주는 데 효과적이며 해열, 이뇨작용을 하고 감기예방 및 소화작용에도 도움을 준다. 생강과 함께 사용하면 더 효능이 상승한다.

③ 황색

비위를 강화시켜 영양이 고르게 가도록 하여 허약체질에 도움을 주고 식욕을 촉진하며 소화촉진작용을 하고, 베타카로틴 성분은 면역력 증강과 눈의 피로회복, 항암작용, 혈액순환을 촉진하는 작용을 한다.

좁쌀 : 비위가 약한 사람이나 구토증세, 설사에 효능이 있다.

옥수수 : 심혈관질환이나 비만에 효과가 있으며 비위를 튼튼하게 하는 효능이 있다.

호박 : 섬유질이 풍부하여 소화와 장 건강에도 도움을 주고 면역력 증가와 항산화작용을 하며 항암치료에 도움을 준다.

강황 : 기혈순환과 소화에 도움을 주고 통증을 완화시킨다. 냉기를 없애며 담즙분비를 촉진하며 치매예방과 관절염치료에도 효능이 있다.

감자 : 비장을 튼튼하게 하며 소염작용과 콜레스테롤 수치를 낮추고 섭취한 염분을 배출하며 위십이지장궤양에도 효능이 있다.

고구마 : 고구마는 칼륨이 많아 혈압을 조절하며 풍부한 토코페롤이 노화방지 역할을 하고 섬유소는 변비 예방치료 효과를 내며 피부미용에도 효과가 있다.

④ 청색

성질이 차서 열을 식히며 기운을 소통시키고 열이 위로 올라와 생기는 두통이나 어지러운 증세에 효능이 있으며 뼈를 강화하고 몸의 독소를 배출하는 기능을 한다. 몸속의 중금속을 체외로 배출하는 작용과 간의 피로를 풀어 주는 작용도 한다.

오이 : 오이는 이뇨 효과가 있고 장과 위를 이롭게 하며 소갈을 그치게 한다. 또한 해열작용과 숙취해소 및 몸속의 나트륨 배출에 효과적이다.

미나리 : 해독작용을 하며 간의 기능을 원활하게 하고 고혈압 고지혈 등 혈관질환에 작용하며 숙취해소에도 효능이 있다.

쑥갓 : 고혈압으로 생길 수 있는 어지럼증에 좋고 신장기능을 도와 소변을 잘 통하게 하며 위장질환 변비예방에도 효능이 있다.

유채 : 혈독으로 인한 종기를 낫게 하며 지혈작용을 한다.

시금치 : 혈압을 낮추고 빈혈에 효과적이며 뼈를 강하게 하고 숙취에도 도움을 주고 보혈작용을 한다.

부추 : 양기초라 불리며 기력을 회복하거나 설사를 멈추게 하고, 피로회복과 감기예방 등에 효과적이다.

브로콜리 : 식이섬유가 풍부하고 비타민 무기질이 많아 변비 심혈관질환에 좋고 항암효과가 있으며 만성 폐질환에도 효능이 있다.

⑤ 검은색

신장의 정기를 보하며 노화방지에 효과적이고 생식능력을 활발하게 하는 작용을 한다. 눈의 피로를 풀어 시력을 보호하고 탈모예방에도 효과적이다.

검정콩 : 신장이 약해 허리가 아프거나 귀울림 증상이 있을 때 도움을 주며, 땀을 많이 흘려 기력이 없을 때와 산후중풍이나 부종에 효과가 있으며 피부를 윤택하게 한다.

검은쌀 : 간과 신장을 보호하며 노화를 방지한다. 심혈관질환과 당뇨에 효과적이고 머리가 빨리 하얗게 되는 것을 예방해 준다.

검은깨 : 간과 신장을 윤택하게 해주고 피부를 보호하며 기미 · 주근깨 예방과 눈을 밝게 하는 데 효능이 있다.

오골계 : 산후 체력보강에 도움을 주고 기혈보충, 영양불량, 허약체질에 좋으며 생리불순과 요통에도 효과가 있다.

목이버섯 : 성질이 차고 평하여 독이 없으며 차나 음식으로 먹으면 장건강에 좋고 빈혈예방과 골다공증 예방에도 도움이 되며 식이섬유가 매우 풍부하여 장기능 강화와 변비예방에도 효능이 있다.

제2장 약선음식

제 1 절 약선음식이란?

약성이 있는 식품을 건강과 질병을 예방하기 위해 조리에 적용하여 식생활에 활용하는 음식을 말한다.

동양에서는 약식동원(藥食同源)과 의식동원(醫食同源)이라 하여 음식과 약은 같은 의미로 음식을 통해 병을 예방하고 치료하여 건강을 유지하고 장수를 기원하는 데 목적이 있다.

약선음식을 활용할 때는 건강상태와 각자의 체질, 식습관, 생활환경 등을 고려해야 하고 생리적 특징과 한방적 이론을 바탕으로 식재료 선택과 조리법을 신중하게 선정해야 하며 여기에 약재를 가미한다면 더더욱 이론적 지식을 기본으로 해야 한다.

제 2 절 약선의 역사

1. 중국의 약선의 기원

중국 속담에는 '좋은 음식이 약보다 낫다' 라는 말이 있다. 우리가 습관적으로 말하는 '밥이 보약이다.' 라는 속담과 같은 의미이다. 중국은 약선의 오랜 역사를 갖고 있다. 약선 관련 서책만 무려 수천 권에 달하며 한나라 때부터 '약선' 이라는 말이 쓰여졌다고 한다.

각종 한방약의 재료로 쓰이는 것들을 요리에 사용하여 만든 건강식이 주를 이루며 약선요리는 중국에서 기원전부터 전통적으로 내려오는 요리로, 의식동원의 기원에서 유래한다. 그러나 약재만을 사용하는 한방약처럼 몸에 바로 작용되는 것이 아니라, 체질에 맞게 지속적으로 섭취하여야 효능을 볼 수 있음을 알 수 있다.

기원전 8세기에서 기원전 3세기의 춘추전국시대 의서인 황제내경소문(黃帝內經素問)은 약선으로 치료하는 방이 상술되어 있어 약선의 발전에 이론적 기초가 되었다.

그리고 현존하는 가장 오래된 약선의 전문서적은 당나라 때 손사막이라는 명의가 쓴 비급천금요방(備急千金要方)이다. 또한 맹선은 약이 되는 식품을 214종이나 더하여 약선의 처방만 138종이나 실은 보양방(補養方)이란 책을 편찬하였고, 맹선의 제자인 장정인은 다시 이 '보양방'을 증보개편하여 '식료본초(食料本草)'라는 책을 펴냈다.

송나라 때는 이미 약선이라는 음식치료가 보편화되었고 따라서 민간에 내려오는 서적과 노인들의 건강을 위한 의학서적에는 식재료의 활용에 대해 서술되어 있다. 명나라 사람인 이시진의 본초강목(本草綱目)은 총52권으로 1982종의 약재를 기재하여 자세히 수록하였는데 식품이 많은 비중을 차지하였다.

명의라고 불린 서춘보의 고금의통대전(古今醫統大全)에는 음식제작방법이 기재되었는데, 차 · 술 · 식초 · 간장 · 탕 등 다양한 요리법이 소개되었다.

청나라 때는 수많은 서적이 출간되었으며, 대표적인 약선요리인 불도장은 복건성 복주의 한 관원이 연회를 베풀 때 그의 부인이 직접 요리한 것으로 닭고기 · 오리고기 · 돼지고기 · 양고기 등 20가지 이상의 재료를 술항아리에 꽉 채우고 약한 불에 오래도록 고아서 만들었는데 맛을 본 후 찬탄을 금치 못했다고 한다. 지금까지도 이 음식은 중국을 대표하는 음식으로 널리 알려져 있다. 중국에도 건강을 생각하는 많은 사람들이 늘어나면서 약선죽 전문점이나 약선요리 전문 레스토랑들이 생겨나고 있다.

2. 한국의 약선의 기원

고구려시대부터 약초를 활용한 의학지식이 발달하였으며, 백제와 신라도 그 영향을 받았고 중국과의 교류로 중국의 의학서가 전해졌으며 자국산 야생 약초를 질병치료에 사용하였다. 중국과의 약초를 교류했음은 도홍경의 신농본초경집주(神農本草經輯注)에 고구려 인삼을 거론한 자료가 실려 있음을 통해 알 수 있다.

백제에는 약부라는 관청이 있고 채약사라는 관직으로 약용식물을 관리 및 연구하는 전문인이 있었으며 통일신라시대에는 신라법사방(新羅法師方)이라는 의서에서 약물복용시 주문과 몸가짐을 기술하였다. 약물학이 발전하여 약물의 종류가 더욱 풍부해지고 건강과 장수에 관심이 높아지면서 신문왕 때에는 의학이 설치되어 의사양성과 약재관리가 이루어졌다.

고려시대에는 귀족의 건강관리를 위해 전의사가 있어 약물의 공급과 질병치료를 전담했고, 서민들을 위해서는 동서대비원과 혜민국이 있었다. 그리고 의학교육제도가 있었고 현존하고 있는 최고 의서 중 하나인 구선활인심방(臞仙活人心方)과 향약구급방(鄕藥救急方) 등이 편찬되었다.

조선시대에 와서 태종 때 의녀제도가 창시되어 여자의사가 양성되었고, 향약채취월령이라는 책에 약재의 채취와 가공방법을 기술하였으며, 1431년 향약집성방(鄕藥集成方)을 편찬하였다. 이 책에는 증상에 따라 약재를 활용하는 방법이 기술되어 있었으므로 약재의 활용이 보편화된 것을 알 수 있으며 조선중기에는 허준의 동의보감(東醫寶鑑)이 편찬되어 동양의학사의 업적으로 평가받고 있다.

이 책에는 여러 약재와 식품 등을 각 체질에 맞게 활용할 수 있도록 임상결과를 기록하고 있기 때문에 오늘날까지 한의학뿐만 아니라 음식에도 활용되는 약선요리가 요리의 분야로 알려지게 되었다. 18세기 이후 이제마는 다년간 임상실무를 통해 사상의학, 다시 말해서 각 체질을 4가지로 구분한 동의수세보원(東醫壽世保元)이라는 책을 통해 사상의학의 의학이론을 수립하였다.

한의학에서 이 이론을 바탕으로 약재와 음식을 통해 건강과 치료를 목적으로 활용되고 있다. 현대 식생활에 건강을 생각하는 웰빙문화가 시작되면서 80년대 이후 우리나라에도 약선을 이용한 음식이 성행하고 있으며 많은 사람들의 관심을 통해 발전되고 있다.

제 3 절 약선요리의 특징

약선은 한의학 이론을 근거로 두고 사람의 체질에 따라 증세에 따라, 계절적 특성에 따라, 질병에 따라 내용이 달라지는 한방 식사요법이다.

약선요리가 되기 위해서는 몇 가지 주의점을 고려해야 한다.

(1) 약선요리는 한의학 이론과 영양학 이론이 기초가 된다.

약선은 식재와 약재의 조합으로 이루어지고 식품을 주로 하며, 약재는 한의학 이론에 의하여 적은 양을 사용하고 음식의 맛에 과하지 않도록 하며, 영양학적인 지식을 바탕으로 식품의 성분과 약재의 성분을 알아보고 영양적 균형과 맛의 조화도 고려하여 식품과 약재를 조화롭게 조성하여야 한다.

(2) 약선요리는 맛과 효능을 중시한다.

약선요리가 추구하는 것은 단순히 질병의 예방과 치료가 목적이 아니라, 음식을 통해 건강한 밥상이 되고 현대 식생활개선에 도움을 주며, 특별식보다는 일상의 일반식이 될 수 있으며 몸에 맞는 식품선택과 기능을 높이는 약재의 활용식이 되어야 한다. 또한 누구나가 즐길 수 있도록 맛을 중시하며 효능 또한 충분히 고려되어야 한다.

(3) 약선요리는 건강식이 되도록 한다.

현대 식생활은 너무 '지나침' 에서 문제가 되고 있으며 높은 칼로리 섭취와 외식산업의 발달로 외식의 생활이나 인스턴트 음식 및 가공음식 등 현대인의 건강을 위협하는 요소가 많다. 그로 인해 고혈압 · 당뇨 · 비만 등 성인병과 다양한 질병이 발생되면서 많은 사람들이 건강식에 대한 관심이 높아지고 있다. 약선요리는 좋은 식재료를 선택하여 적당한 영양섭취와 건강을 지키며 음식을 통해 면역력을 높이고 노화를 지연시키는 건강식이 되어야 한다.

(4) 약선요리는 성미(性味)와 오장(五臟)의 특성 관계를 중시한다.

약선은 약재와 식재가 함께 조리된 것으로 사기오미(四氣五味)의 특성을 갖는다.

사기(四氣)는 한(寒) · 열(熱) · 온(溫) · 량(凉) 네 개의 성질 을 말하고 오미(五味)는 산(酸) · 고(苦) · 감(甘) · 신(辛) · 함(鹹)의 다섯 가지를 말한다. 열성 체질이나 질환에는 차가운 약선을 한성 체질이나 질환에는 더운 약선을 활용하여 조화로운 음식이 되록한다.

제 4 절 약선의 효능

약선요리는 건강을 유지하며 증진하는 데 목적이 있고 질병의 예방과 질병 후 회복단계에 효능을 기대한다.

(1) 건강증진

음식을 먹는 사람의 체질과 현재의 건강상태에 따라 기호에 맞는 음식을 섭취하여야 건강에 도움이 된다.

(2) 질병의 예방

약선요리는 식재료와 약재의 성분이나 효능 등을 고려하여 각 체질에 맞는 음식으로 질병을 예방하는 데 힘써야 한다.

(3) 회복식에 도움

질병치료 목적으로도 약선이 활용되지만 회복단계에 적합한 식생활이 되어야 한다. 특히 기운 증진과 원기보충에 도움이 되는 회복식에 적합하여야 한다.

제 5 절 건강과 식료

(1) 동병이치와 이병동치

동병이치(同病異治)는 같은 종류의 질병이 발생하더라도 발병한 시기 · 지역 · 개인적인 건강상태에 따라 치료법을 달리하여 약을 써야 한다는 뜻이다. 감기가 걸렸다 해도 개인의 차에 따라 목감기 · 기침감기 · 열감기 · 오한 등 다양하게 나타나므로 각각에 치료하는 방식과 사용되는 약재가 달라져야 한다. 질병에 따라서 회복식에 있어서도 체질을 고려하여 식품을 선택하고 조리법을 달리하여야 한다.

이병동치(異病同治)는 질병이 다를지라도 원인적인 발병과정에서 증세가 같으면 동일한 치료법을 사용한다는 뜻이다.

예컨대 식욕부진과 불면증은 질병 자체가 다르지만 질병의 본질을 살펴보면 신허 · 기허 · 혈허 등의 같은 특징을 발견할 수 있다. 질병의 근원이 같기 때문에 공통적인 치료법을 사용한다는 뜻이다. 그러나 약재나 음식은 체질적인 면을 고려하여 준비하는 것이 좋다.

(2) 약식동원(藥食同原)

좋은 음식과 약은 같은 효능을 나타낸다. 음식이란 우리 몸에 영양을 공급하고 생명을 유지하며 에너지를 활용해 건강한 생활을 할 수 있게 하는 원동력이 된다.

특히 자연에서 나는 식품은 우리 몸에 유익한 것으로, 음식과 약으로 작용된다. 제철에 나는 음식이 몸의 활력과 생리적 기능을 조절하여 질병을 예방하고 치료하는 역할을 한다.

따라서 음식은 약으로 쓰임과 다를 바 없으며 몸에 맞는 음식을 섭취한다는 것은 몸에 이로운 약과도 같다. 동의보감에 나와 있듯 일상식을 우리 몸의 상태에 따라 가장 적절한 시기에 먹는 것이 영양공급의 기본이 되고, 식재료의 색 · 향 · 맛 · 효능 등이 건강증진 · 체질개선 · 질병예방 등에 활용된다.

(3) 의식동원(醫食同源)

약이 음식이고 음식이 곧 약이다.

음식을 먹는 것과 병을 치료하는 것은 인간이 건강을 유지하도록 하므로 그 근원이 같다는 말인데, 이는 중국 고대부터 내려오던 사상으로 음식을 중요하게 여기며 약선의 기원이 되고 무병장수를 기원하는 마음을 담아 음식으로 치료하는 것을 가장 중요시 하였다는 것을 알 수 있다. 음식은 생명 연장의 필수적 수단일 뿐 아니라 보신과 장수의 수단으로 발전하여 의약과 음식은 한 뿌리라는 관념이 나오게 되었다.

제 6 절 식품의 사기(四氣)

예로부터 식품의 성질을 한(寒) · 냉(冷) · 온(溫) · 열(熱)의 네 가지로 구분지어 각 성질의 기운을 발한다. 이것을 크게 찬성질, 열성질, 차지도 덥지도 않은 평성질로 분류한다.

중국 청대에, 식품은 영양을 공급하지만 각 사람의 성질에 따라 맞는 음식과 맞지 않는 음식이 있다고 했다. 이는, 음식이 몸에 이롭게 작용할 수도 있고 오히려 병을 초래할 수도 있다는 뜻이다. 사람의 체질에 따라 계절과 기온에 맞춰 음식의 성질을 알고 먹는 것이 중요하다.

(1) 찬성질

여름철에 더위를 이기고 열성질을 가진 사람에게 열조절 기능을 할 수 있는 식품으로, 급성 열병이나 열독으로 생길 수 있는 종기나 염증 치료에 효과적이고 소염 해독작용을 한다. 식품으로는 밀가루 음식(빵, 과자, 국수, 우동, 라면, 피자, 햄버거, 스파게티)이나 보리 · 팥 · 녹두 · 메밀 · 고구마 · 호두 · 오이 · 수세미 · 호박 · 알로에 · 맥주 · 커피 · 녹차 · 율무차 · 감 · 배 · 수박 · 참외 · 멜론 · 바나나 · 돼지고기 · 토끼고기 · 날달걀 · 빙과류 · 청량음료와 유제품(우유 · 버터 · 치즈 · 아이스크림) 등이 있다.

(2) 열성질

겨울철에 먹으면 좋은 음식이며, 몸이 차거나 한약을 먹는 사람 및 체질적으로 냉한 체질의 사람이 먹으면 이롭고 감기예방이나 냉한을 치료하는 데 도움을 준다.

대표적 식품으로 닭고기 · 개고기 · 양고기 · 미꾸라지 · 굴비 · 농어 · 숭어 · 쏘가리 · 메기 · 북어 · 멸치 · 김 · 카레 · 겨자 · 냉이 · 후추 · 고추 · 부추 · 시금치 · 쑥갓 · 아욱 · 양배추 · 파 · 양파 · 귤 · 오렌지 · 복숭아 · 꿀 · 인삼 · 찹쌀 · 수정과 · 생강차 · 대추차 · 계피차 등이 있다.

(3) 평성질

차지도 따뜻하지도 않은 식품으로, 성질이 평이롭고 몸을 보하는 성질로 개인 체질에 영향력을 덜 받아 고르게 먹을 수 있으며 약선요리에 주로 활용될 수 있고 일상식에 주로 이용된다. 대표적인 식품으로 콩 · 옥수수 · 현미 · 연자 · 오골계 · 붕어 · 메추리 · 미꾸라지 · 청어 · 잉어 · 목이버섯 · 표고버섯 · 완두 · 땅콩 · 은행 등이 있다.

제 7 절 사상의학

사상의학(四象醫學)은 이제마가 창시한 체질의학론이다. 이제마는 동의수세보원을 통하여 종래의 견해보다 현실적인 측면에서 독특한 '사상구조론'을 바탕으로 태양인(太陽人), 소양인(少陽人), 태음인(太陰人), 소음인(少陰人)의 네 가지 체질을 설정하여 각기 체질에 따라 성격, 심리상태, 내장의 기능과 이에 따른 병리, 생리, 약리, 양생법과 음식의 성분까지 분류하였다. 체질에 따라 내장의 대소, 허실이 결정되어 있고, 사람은 생리적으로 이 네 체형의 분류로 나눠지며, 태어날 때부터 타고나는 체질은 결정되어 있다는 이론이다.

동의보감으로 바탕이 되는 한의학에서도 중요한 치료법으로 활용되며, 약선음식에서도 체질별 몸에 이롭고 해로운 음식을 구별하거나 보기 · 보혈 · 보양 · 보음을 선택할 시에도 사상체질을 고려해야 한다.

(1) 태양인(太陽人)

① 체형의 특징

허리가 가냘프고 머리는 큰 편이나 척추와 허리가 약해 오래 앉아 있지 못하고 기대 앉거나 눕기를 좋아하며 다리에 힘이 없어 오래 걷지를 못한다.

몸은 대체로 마른 편이며, 얼굴은 둥글고 이마가 넓으며 광대뼈가 나왔고 뒷머리가 발달한 짱구 형상이 많으며, 대체로 피부는 연하고 부드러우며 용모가 뚜렷한 특징을 갖는다.

② 체질의 특징

폐장이 강하고 간장이 약한 체질로, 에너지 소모 배설의 기능이 강하고 소화흡수의 기능은 약하다. 따라서 정상체형 내지는 마르기 쉬운 체질이며 열이 많이 오르고 항상 눈이 침침한 편이다. 평소 건강관리를 위해서는 단전호흡 같은 정신적인 수양을 해서 마음이 안정되도록 하는 활동이 좋으며, 극단적으로 많이 먹지 않는 한, 비만이 될 확률은 적다.

비만에 대해선 안전하지만, 간기능이 떨어지면 혈액을 잘 생성하지 못해 여러 증상들이 동반될 수 있다. 정신이 안정되지 못하여 신경불안증을 앓는다거나 기흐름이 원활하지 못해 위로 올라간 기운이 내려오지 못하게 되면, 허리 이하가 약해질 수 있다.

③ 기질적 특징

태양인의 기질적 특성은 머리가 명석하고 과단성 · 진취성 · 영웅심 · 자존심 등이 특히 강하다. 의욕과잉으로 주위 사람과 화합이 잘 안 되며, 독선적이고 남을 비난하기 좋아하며 화를 잘 내는 경우가 있다.

태양인은 리더십이 있으므로 남들과 잘 소통하고 과단성과 진취성이 강한 반면에 계획성이 적고 대담하지 못하며 남을 공격하기 좋아하고 영웅심이 강해서 일이 안 될 때는 분노를 표출하기도 한다. 태양인은 그 수가 적은 편이다.

④ 이로운 음식

육식을 적게 먹고 해산물을 즐겨 먹는 것이 좋으며, 시원하고 담백한 음식과 채소를 많이 먹도록 하며, 맵거나 짠 음식은 피하고 술은 과음하지 않도록 한다.

곡류 : 메밀, 멥쌀, 녹두, 보리, 콩

채소류 : 오이, 배추, 셀러리, 가지, 표고버섯, 우엉, 시금치, 상추, 브로콜리, 피망

과실류 : 다래, 모과, 머루, 앵두, 유자, 키위, 수박, 배, 자두, 참외, 딸기, 포도, 감, 귤, 멜론

해산물류 : 미역, 전복, 홍합, 다시마, 문어, 소라, 오징어, 낙지, 도미, 게, 조개, 새우, 장어

⑤ 이로운 약재

뼈와 근육을 튼튼하게 하고 간기능과 신장기능을 보호해 줄 수 있는 약재를 활용하며 몸의 열을 내리고 혈관계를 원활하게 하는 데 효과적인 약재를 사용한다.

오가피 : 생체기관의 전반적인 기능을 증대해 주며 혈압을 조절해 주고 식욕부진 · 체중조절 · 수면개선에 좋은 효능이 있다.

솔잎 : 콜레스테롤 수치를 낮추고 피를 맑게 하며 혈액순환을 원활하게 하고 활성산소를 제거하며 암예방 및 노화방지에 효능이 있다.

하수오 : 허리와 무릎을 튼튼하게 하고 체력을 보강하며, 오랜 병으로 몸이 약해졌을 때나 신장기능이 떨어졌을 때, 머리가 희어질 때 효능이 있다.

두충 : 요통 관절염에 좋으며, 뼈와 근육을 튼튼하게 하고 신장기능을 보호하며, 잔뇨감을 치료하는 데 효능이 있다.

⑥ 이로운 차

기가 밖으로 발산이 많이 되면 땀도 많아져서 더욱 힘들게 된다. 안절부절 못하거나 자신의 마음대로 되지 않으면 화를 많이 내므로 신경을 안정시킨다. 그리고 다리에 힘이 빠지는 증세가 나타날 수 있으므로 뼈와 근육을 강화하는 데 도움이 되는 차를 마신다.

모과차 : 감기예방을 비롯하여 칼슘이 뼈에 잘 흡수되도록 하며 근육의 피로를 풀어 주고 손발저림에 도움을 준다. 혈관을 튼튼하게 하고 소화불량에도 좋다.

솔잎차 : 혈당을 조절하며 팔다리저림이나 신경쇠약 및 불면증에 효과적이다.

머루차 : 감기, 기침해소에 특효가 있으며 종기치료에도 탁월한 효능을 보이고 신경통에도 좋다.

(2) 소양인(少陽人)

① 체형의 특징

얼굴이 둥글며 입술이 얇고 갸름한 얼굴이다. 턱은 뾰족하고 눈매가 강렬하며 밝은 인상을 주고 머리가 작고 가슴부위가 발달했으나 엉덩이가 작고 하체가 부실하며 다리가 약하며 안정감이 부족하다.

② 체질의 특징

소화기관이 발달했고 신장기능이 다소 약하며 비뇨기관의 질환이 나타날 수 있고 몸에 열이 많으며 땀은 별로 없다. 허리가 다소 약하고 당뇨가 발생할 수 있다. 기운이 상승하여 끊임없는 활동으로 만성피로가 쉽게 올 수 있다.

③ 기질의 특징

외향적이고 명랑하며 재치가 있고 판단력이 빠르며 다정다감하고 봉사와 희생정신이 있다. 대인관계가 원만하고 예술가나 서비스 직종에 어울리며 직선적이고 솔직하게 표현하며 감성적이다. 그러나 계획성이 부족하고 추진력과 끈기가 약하다.

④ 이로운 음식

에너지 소비를 많이 하는 체질로 기운을 채워 주며 몸안의 열기운을 배출할 수 있는 음식 위주의 식사를 하며 힐링할 수 있는 명상이 좋다.

곡류 : 녹두, 콩, 팥, 보리, 옥수수, 메밀

채소류 : 배추, 당근, 호박, 우엉, 오이, 가지, 버섯, 콩나물, 양배추, 씀바귀, 열무, 시금치, 쑥, 냉이

과일류 : 참외, 포도, 수박, 토마토, 딸기, 복숭아, 멜론, 키위, 파인애플, 살구
해산물류 : 조개, 굴, 게, 재첩, 바지락, 전복, 해삼, 우렁, 고등어, 꽁치, 도미
육류 : 돼지고기, 쇠고기

⑤ 이로운 약재

열을 내려주며, 기력을 채우고 보충해 주며, 당뇨를 예방하고 항염작용과 독을 제거하는 약재와 어혈을 풀어주는 약재가 좋다.

숙지황 : 면역기능과 심장기능을 강화하며 간을 보호하고 이뇨작용을 원활하게 하며 혈당을 낮춰 준다.
구기자 : 음액과 정액을 채우며 골수를 튼튼히 하고 근육과 뼈를 튼튼하게 하며 눈을 밝게 하고 간기능을 보호하는 작용과 혈당을 낮추는 효과가 있다.
영지버섯 : 만병을 치료하고 수명을 연장시키는 산초로 불렸으며, 정혈작용과 당뇨예방에 좋고 소화기질환과 이뇨에도 효능이 있다.
목단피 : 몸의 열을 다스려서 어혈을 풀어주고 항균작용을 한다.

⑥ 이로운 차

신장기능을 보호하며 수분을 조절하고 열을 내리는 차가 소양인에게 좋다.

결명자차 : 몸에 열이 많은 체질에 좋으며 소변이 잘 통하게 하고 변비예방에도 좋으며 눈을 맑게 한다.
산수유차 : 뼈를 튼튼하게 하고 위로 오르는 화를 잡아주며 피로회복에 도움을 준다.
차전자차 : 질경이 씨이며, 냉한 성질로 풍열통을 치료하고 소변을 원활하게 하며 위를 튼튼하게 하고 가래를 삭히는 데 도움을 준다.

(3) 태음인(太陰人)

① 체형의 특징

손과 발이 크고 얼굴이 둥글둥글한 편이며 이목구비가 큰 편에 속하고 입술이 두툼하며 하체가 튼튼하고 체격이 큰 편이다. 허리가 발달되었고 근육이 견고하고 골격이 크며 대개 살이 찐 편이 많으므로 쉽게 비만형이 될 수 있다.

② 체질의 특징

간이 크고 폐가 작으며 땀이 많고 소화력이 왕성하다. 호흡기와 순환기가 약하여 심장병, 고혈압, 중풍, 천식 등에 주의해야 하며 음식 조절과 땀 배출을 해야 한다.

③ 기질의 특징

말없이 조용한 편이고 맡은 일을 끝까지 하려는 지구력과 성취욕이 강하며 남에게 마음을 잘 드러내지 않고 편협하거나 고집스러울 수 있다.

④ 이로운 음식

땀조절을 잘 할 수 있는 음식을 비롯하여, 수분을 보충해 주고 몸속에 독소가 쌓이지 않게 하며 혈관계를 원활하게 하는 식품과 저칼로리의 식사가 되도록 한다.

곡류 : 밀, 콩, 멥쌀, 율무, 수수

채소류 : 당근, 더덕, 도라지, 무, 송이버섯, 연근, 호박, 부추, 양파, 파, 고추, 달래, 갓, 피망, 부추

과실류 : 사과, 살구, 배, 자두, 매실

해산물류 : 고등어, 갈치, 참치, 해파리, 멸치, 뱀장어, 복어, 미역, 다시마

육류 및 유제품 : 쇠고기, 치즈, 우유

⑤ 이로운 약재

땀을 흘리고 노폐물이 잘 배출되어야 건강하므로, 간을 보호하고 신장기능과 오장을 편하게 하는 약재가 좋다.

맥문동 : 소염작용이 있고 항균과 해열진해거담제로 쓰이며 소변을 잘 통하게 하여 신장을 편하게 하고 강장에도 효능이 있다.

녹용 : 간장과 신장을 보하고 근골을 튼튼하게 하며 골수와 혈액을 보충해 준다. 다리의 무력증에 효능이 있고 콜레스테롤 수치를 감소시키며 간세포 손상을 억제해 준다.

산약 : 마는 자양강장에 특별한 효험이 있고 소화불량이나 위장장애 · 당뇨병 · 기침 · 폐질환 등에도 효과가 두드러진다. 신장기능을 튼튼하게 하는 작용이 강해 원기가 쇠약한 사람이 오래 복용하면 좋다고 한다.

⑥ 이로운 차

오미자차 : 갈증을 완화하며 유기산이 풍부해 피로회복과 오장기능을 원활하게 하고 기침이나 천식에도 효과가 있다.

칡차 : 신진대사를 개선시키며 체력을 좋게 하고 숙취해소와 간기능 활성화에 도움을 주며 고혈압이나 당뇨병 및 골다공증 예방에 효과가 있다.

율무차 : 기력이 쇠하거나 근육의 경련을 진정시켜 주는 데 좋으며, 척추디스크 · 신경통 · 어깨결림에도 효능이 있고 비만예방과 다이어트에도 효과적이다.

(4) 소음인(少陰人)

① 체형의 특징

얼굴은 달걀형으로 피부가 곱고 부드럽다. 뒤통수가 납작하고 작은 귀와 복코를 가지고 있으며 입이 작고 오밀조밀하면서 균형이 잘 잡혔기에 미남미녀가 많고 키가 작으며 마른체형이다. 상체보다 하체가 발달하였고 허리가 다소 잘록하며 여성인 경우에는 가슴이 빈약하고 엉덩이가 풍만하다.

② 체질의 특징

평소에 손과 발이 차며 땀이 나지 않고 선천적으로 비장과 위장이 다소 약하기 때문에 소화가 잘 되는 음식 위주로 섭취하는 것이 좋다. 깊은 잠을 자지 못해 아침에 일어나기 힘든 경우가 많다.

③ 기질의 특징

내성적이고 소극적인 편이며 판단이 빠르고 총명한 두뇌를 가지고 있다. 책임감이 강해 자신이 맡은 일을 끝까지 완벽하게 해내며 치밀하고 섬세하여 일의 마무리를 잘한다. 계산적이며 이기적인 성향이 있고, 신경이 예민하여 스트레스를 많이 받는 경우가 있다.

④ 이로운 음식

몸을 따뜻하게 보하고 피로와 무기력을 채울 수 있는 보양식을 먹되, 과식하지 않도록 주의하고 찬 음식은 피하며 소화가 잘 되는 식사가 되도록 한다.

곡류 : 찹쌀, 조, 옥수수, 통밀가루, 차조, 현미

채소류 : 쑥, 무, 양파, 후추, 미나리, 호박, 야콘, 표고버섯, 고추, 양배추, 감자, 마늘

과일류 : 사과, 귤, 복숭아, 레몬, 오렌지, 대추, 살구, 토마토, 석류

해산물류 : 민어, 미역, 명태, 다시마, 김, 조기, 멸치, 흰살생선, 뱀장어

육류 : 염소고기, 닭고기, 양고기, 노루고기, 꿩고기

⑤ 이로운 약재

원기를 보충해 주고 허약한 비장과 위장에 기운을 주며 기혈에 도움을 주는 약재를 사용하면 이롭다.

인삼 : 신경을 안정시키며 원기를 보하고 진액을 늘려 주는 약재이며, 빈혈 · 저혈압 · 냉증 · 감기 · 위장병 등에 도움을 주고 비장의 기운을 돋우며 온화하게 한다.

당귀 : 피를 생성하거나 맑게 하는 작용을 하며 냉증이나 생리통에 좋다. 불면증과 심신의 불안증에도 효능이 있다. 냉성 체질이고 허약체질인 소음인에게 잘 맞는 약재이다.

대추 : 속을 따뜻하게 하는 보약재이며, 신경이 과민한 경우에도 좋고 오장육부의 기운을 보강하는 보약재이며 식욕을 촉진하는 데도 도움을 준다.

⑥ 이로운 차

생강차 : 혈액순환에 도움을 주며, 수족냉증의 체질을 가진 사람이 복용하면 좋은 효과를 보고 몸속의 노폐물을 제거해 주며 면역력을 증강시키는 효능과 감기예방과 치료에도 효과적이다.

진피차 : 비타민이 풍부하며 신진대사를 원활하게 해주고 피로감을 회복시키는 데 도움을 주며 피부보습과 탄력에도 좋고 면역력 증강과 감기회복에도 도움을 준다.

계피꿀차 : 소화장애에 도움을 주고 배가 차서 일어나는 구토증이나 복통에 도움을 주며, 몸을 따뜻하게 하고 신경통과 관절에도 도움을 준다.

제 8 절 사계절 약선음식

(1) 봄철 약선음식

춥고 건조했던 겨울 동안에 허약해진 생리적 기능과 면역력을 보충해 준다. 몸안으로 들어오는 한기를 몰아내고 비위를 상하지 않게 하며 폐기능을 강화하여 봄철 환절기 건강관리를 할 수 있는 보양식을 준비한다.

봄철에는 황사가 많아 호흡기질환이 많고 급격한 온도변화 때문에 감기가 심하고 입맛을 잃기 쉽다. 봄철 건강을 위한 식품으로 입맛을 돋우고 기력을 보강할 수 있는 음식을 일상식으로 먹는 것이 건강한 약선음식이 될 수 있다.

봄철 약선으로는 성질이 평하고 맛은 달거나 간을 보호할 수 있는 산약 · 율무 · 연자 · 구기자 복령 · 당근 · 시금치 · 은이버섯 · 목이버섯 · 미나리 · 셀러리 · 냉이 · 우유 등이 좋고 기혈을 올리는 황기 · 당귀 · 인삼 · 오골계 등이 간기능을 원활하게 해준다.

guide

봄철에 꼭 먹어야 하는 음식

장어 : 비타민 A가 풍부하여 시력기능 강화에 도움을 주고 몸의 면역력을 키워 주며 철분과 칼슘이 풍부해 골다공증 예방과 빈혈에도 탁월하고 피부미용에도 좋다.

굴 : 바다의 우유라고 불리는 굴은 겨울철과 초봄까지가 제철이며, 미네랄 · 타우린 · 요오드 및 각종 비타민을 다량 함유하고 있다. 빈혈과 골다공증에 효능이 있고 콜레스테롤 수치를 감소시켜 주며 해독작용을 하고 기운을 북돋아 준다.

단호박 : 베타카로틴이 풍부한 호박은 면역력을 증강해 주고 신체기능을 원활하게 하고 장기능을 활성화하며 변비에도 좋고 입맛을 살려주는 음식이다.

해조류 : 황사가 심하면 호흡기질환과 중금속이 몸을 해롭게 한다. 해조류, 김, 파래, 미역, 다시마 등은 몸속의 중금속을 제거해 주며 영양소가 풍부하기 때문에 부족한 무기질 섭취에 도움을 준다.

주꾸미 : 타우린 성분이 풍부한 주꾸미는 단백질 보충과 기력을 보호하고 간기능을 보호하여 주는 스태미너 음식이다.

봄나물 : 봄철 춘곤증을 예방하며 피로를 회복하게 하고 입맛을 돋우는 데 달래 · 냉이 · 쑥 · 씀바귀 등의 봄나물이 도움을 준다.

(2) 여름철 약선음식

여름철에는 땀을 많이 흘리므로 진액이 손상되기 쉽다. 따라서 신맛의 식품을 많이 먹으면 수렴작용이 있기 때문에 진액의 유실을 예방하고 설사를 멈추게 하며 습을 제거하는 효과가 있고 땀으로 인한 기음의 손실을 막으며 갈증을 풀어주며 건위작용이 있어 소화를 돕는다.

guide

여름철에 꼭 먹어야 하는 음식

콩 : 단백질이 풍부하고 소화가 잘 되며 기력을 보충해 주고 신장기능을 보강하며 부종을 제거하고 소갈 증세에도 도움을 준다. 콩국수 · 두유 · 두부 등 다양한 조리법으로 여름의 최고 보양식이 될 수 있다.

토마토 : 비타민과 무기질이 풍부하며 붉은색 속에 함유되어 있는 리코펜 성분이 몸속의 활성산소를 제거하며 강력한 항암효과가 있고 혈관을 튼튼하게 하는 효능이 있다. 기름에 볶거나 열을 가하여 섭취하면 영양흡수율을 높이며 지친 여름철에 부족한 영양을 보충할 수 있다.

생강 : 생강에는 베타카로틴, 비타민 C, 칼슘, 철분, 아연, 마그네슘 등이 있다. 신진대사를 원활하게 해주고, 항균 · 항염효과가 있으며 혈액을 묽게 하고 혈액순환을 원활하게 하며 배탈을 예방하거나 여름철 감기에도 효능이 있다.

메밀 : 위와 장을 보호하고 변비 · 설사 · 딸꾹질 등에 효과가 있다. 기력을 회복시키는 데 도움을 주고 독을 풀고 염증을 삭이며 가슴속 열을 아래로 풀어주고 모세혈관을 튼튼하게 해준다. 무와 함께 먹으면 소화와 해독에 좋다.

팥 : 단백질 · 철분 · 나이신 · 칼륨이 풍부하며 심장 · 간 · 혈관에 지방이 축척되는 것을 예방하고 신장질환에 이뇨작용 및 피를 맑게 하여 부기를 빼는 데 효과적이고 해독작용을 한다.

고추 : 비타민 C가 풍부하고 비타민 A와 비타민 B, 섬유소가 다량 들어 있다. 항암작용과 소화작용에 도움을 주며 캡사이신은 여름철 떨어진 입맛을 잡아주고 식욕을 촉진시켜 준다.

그리고 음식에 식초를 넣으면 살균소독이 되고 질병을 예방한다. 여름철에는 비위기능이 저하되어 식욕이 떨어지는 시기이므로 여름철 약선음식은 담백하고 찬 성질의 음식으로 몸 안의 열기를 조절할 수 있어야 좋다.

수박 · 오이 · 녹두 · 동과 · 토마토 · 매실 등이 좋고 둥글레 · 백합 · 율무 · 맥문동 · 구기자 · 사삼 · 메밀 · 황기가 여름철 보양식 약재로 쓰인다.

(3) 가을철 약선음식

가을은 영양을 축적하고 기능을 조절하여 겨울의 정기를 저장해야 하는 시기로, 생리기능 조절이 필요하며 떨어지는 기온에 적응하기 위해 단맛을 보충한다. 건조한 기운은 폐기능을 약화시키므로 감기가 들거나 입과 인후가 건조하고 마른기침이 나오며 피부가 건조해지고 변비증상이 생길 수 있기 때문에 폐기능을 강화하며 진액을 만들어 몸속에 수분을 유지하도록 한다.

가을에 사용하면 좋은 약재는 맥문동, 백작약, 숙지황, 당귀, 백합, 사삼 등이다. 감, 배, 바나나, 오리, 닭고기, 양고기, 미꾸라지, 더덕, 도라지, 꿀, 낙지, 전어, 꽃게 등을 식재료로 사용하여 음식을 만들어 보양식이 되도록 한다.

guide

가을철 꼭 먹어야 하는 음식

미꾸라지 : 가을철 미꾸라지는 단백질이 풍부하고 필수아미노산과 비타민이 풍부하며 스태미너와 피부미용 및 성인병 예방에 좋다.

낙지 : 타우린 성분이 풍부한 자양강장제로 지친 체력을 보강해 주고 원기를 북돋아 피로에 도움을 준다.

전어 : 단백질 성분인 글루타민산과 핵산이 많으므로 두뇌기능 간기능 강화에 도움을 주고 불포화지방산이 들어 있으므로 성인병 예방에 좋다.

더덕 : 가을 더덕은 사포닌 성분이 풍부하여 기관지염 편도염 등 호흡기질환에 효능이 있고 위와 폐의 장기기능을 보호해 준다.

송이버섯 : 성질이 평하고 맛은 달며 기의 흐름을 원활하게 하며 소화를 촉진해 준다. 몸속의 콜레스테롤 수치를 낮춰 주고 비장과 간장을 튼튼하게 해준다.

(4) 겨울철 보양음식

겨울은 온도가 떨어지면서 몸의 기운에 음한이 성하고 양기는 쇠퇴하므로 음식을 통해 양기를 보호하고 찬 기운을 내리는 보양법이 중요하다.

풍한에 의한 질병이 많고 기혈이 안으로 들어가며 피부가 치밀하고 심 · 폐 · 위 등 장기기능이 약해지며 기관지염 위통 심근경색 등 저항력이 약해진다.

겨울철엔 짠 음식을 피하고 신장에 정기를 저장작용을 도와주며 기혈진액이 장부의 기능을 원활하게 할 수 있는, 따뜻하며 건조해지지 않는 음식을 먹도록 한다. 약재로는 인삼, 녹용, 대추, 생강, 동충하초, 용안육, 계피, 숙지황, 감초, 구기자 등을 쓴다. 그리고 음식으로는 소고기, 양고기, 두부, 족발, 붕어, 당근, 시금치, 브로콜리를 먹도록 한다.

guide

겨울철에 꼭 먹어야 하는 음식

붕어 : 칼슘과 철분이 풍부하여 빈혈증세에 효력이 있고 위와 장을 튼튼하게 해주며 기력을 높여주는 효과가 있다. 약용으로 사용할 때는 약재를 넣어 보양식으로 먹기도 한다.

우족 : 기력이 없을 때 먹으면 기운을 회복하는 데 좋으며, 관절의 주요성분인 교질성분을 포함하고 있어서 관절과 뼈를 튼튼하게 하는 데 많은 도움이 된다고 알려져 있다.

전복 : 단백질 · 비타민 · 타우린 · 미네랄이 풍부하여 간의 해독기능 · 피부미용 · 성인병예방 · 원기회복에 도움을 주며 병후에 기력을 회복하고 허약체질 개선에 도움을 준다.

견과류 : 뇌세포 발달을 돕는다 심장질환에 효과적인 견과류에는 몸에 이로운 식물성 지방이 풍부해 심장병을 막고 두뇌발달을 돕는다. 비타민 함량도 높아 거친 피부에 윤기를 주고 혈액의 흐름을 도와 피부세포를 건강하게 만든다.

유자 : 겨울철 면역력을 올려주는 비타민 C가 풍부한 것은 물론, 구연산이 많이 들어 있으므로 겨울철 추운 날씨에 긴장한 몸에 쌓이기 쉬운 피로를 풀어주는 효과가 있다. 그리고 모세혈관을 튼튼하게 해주기 때문에 혈관질환으로 걱정되는 겨울을 나는 데 좋다.

제 9 절 문헌 속 약재의 효능

① 갈근 : 칡뿌리라고도 불리는 갈근은 맛이 달고 독이 없으며 열을 없애고 입맛을 좋게 하며, 소화를 잘 되게 해준다. 머리가 아픈 것을 낫게 하며 땀이 나게 하여 표(表)를 풀어 주고 땀구멍을 열어 준다.

허해서 나는 갈증은 '칡뿌리가 아니면 치료하기가 어렵다' 라고 하며, 술로 인해서 생긴 병이나 갈증에 쓰면 아주 좋다.

② 결명자 : 결명자는 간기(肝氣)를 돕는다 하여, 간에 쌓인 열을 다스린다고 알려져 있다. 인체의 여러 장기에서 해독효과를 보였지만 특히 간과 췌장에 독성 해독기능이 있으며 눈을 밝게 하는 데에 큰 효력이 있다.

③ 구기자 : 구기자는 독성이 없고 열을 식히며 체내에 쌓인 사기와 흉부의 염증 및 소갈과 당뇨병, 그리고 관절 · 류마티스 · 신경통 등에 좋은 효능을 보인다. 오래 복용하면 근육을 튼튼하게 해주고 전신이 상쾌하며 더위와 추위를 잊고 젊음을 찾을 수 있는 효능이 있다고 한다.

④ 모과 : 모과는 주독(酒毒)을 풀고 가래를 제거하며 속이 울렁거릴 때 먹으면 속이 편안해지고 구워먹으면 설사병에 잘 듣는다고 한다. 여성들이 임신을 하면 입덧으로 고생하게 되는데 이때 모과차를 마시면 입덧의 원인인 위장장애를 완화시켜 효과를 볼 수 있으며, 신진대사를 도와주고 소화 효소의 분비를 촉진시켜 주는 효과를 발휘한다.

⑤ 산수유 : 산수유의 성질은 약간 따뜻하며 맛은 시고 떫다. 유기산과 비타민 A 및 다량의 당도 가지고 있으며, 두통 · 이명 · 해열 등에 약재료도 쓰이며 야뇨증에도 사용된다.

⑥ 연잎 : 동의보감에서 하엽(下葉)은 맛은 쓴맛이며 독이 없다고 하였고, 효능으로는 혈리(血痢 피가 섞여 나오는 이질)를 치료하고 태아를 안전하게 보호하며 악혈(惡血, 나쁜 피)을 제거한다 하였다.

⑦ 오미자 : 오미자는 5가지 맛을 가지고 있다 하여 오미자(五味子)라고 한다. 성질은 따뜻하고 맛은 시다. 체내 영양물질의 총칭인 진액(津液)생성을 도와 입이 마르고 갈증이 심할 때도 좋으며 혈당을 내려준다. 또한 혈압을 내려주고, 폐기능을 강화시켜 준다.

⑧ 인삼 : 인삼은 성질이 따뜻하고 맛이 달며 독이 없다고 한다. 오장인 간장 · 심장 · 폐장 · 신장 · 비장의 양기를 돋우고 정신을 안정시킨다고 하며 눈을 밝게 하고 지혜롭게 하며 오래 복용하면 몸이 가벼워지고 장수한다고 한다.

⑨ 천마 : 천마는 여러 가지 마비증, 팔다리가 오그라드는 증상 등에 도움이 되고 잘 놀라는 것을 치료하며 허리와 무릎을 잘 쓰게 해주고 근력을 높여주며, 뇌혈관계통 및 힘줄과 뼈를 튼튼하게 한다.

⑩ 하수오 : 하수오의 성질은 평하고 맛은 달고 쓰며, 간과 신장을 보하고 피를 맑게 한다. 또한 온갖 풍을 없애고 근육과 뼈를 튼튼하게 하며 머리카락을 검게 해주는 것으로 알려져 있다.

⑪ 홍화씨 : 잇꽃이라고도 불리는 홍화의 씨앗으로 성질이 따뜻하고 매우며 혈전을 풀어주고 생리불순이나 생리통 및 폐경, 자궁근종에 효과가 있다. 또한 다쳐서 몸에 멍이 많거나 하복부통증 및 산후어지럼증 등에 좋다.

⑫ 감초 : 성질은 따스하고 맛은 달고 독이 없으며, 모든 약을 화합시킨다. 생것은 화기(火氣)를 빠지게 하고 구운 것은 따뜻하게 해준다.
비위기능을 좋게 하며, 정기(正氣)를 완화기키며 음혈(陰血)을 조절하여 한열이 서로 섞여서 평안하게 된다고 한다.

⑬ 계피 : 계피는 정력과 기운을 돋우며 오장을 보호하고 어지럼증을 다스리는 효능이 있다. 또한 당뇨병 · 술중독 · 독성해독 · 장내해독 · 살균 · 이뇨 · 피로회복에도 사용한다.

⑭ 대추 : 대추의 성질은 따뜻하고 맛은 달며 식욕부진으로 기혈 모두가 허하여 영양불량인 사람이나 신경쇠약으로 빈혈 또는 정신이 허약한 사람에게 좋고, 혈소판 백혈구 감소로 면역력이 약한 사람에게 효과가 있다.

⑮ 박하 : 박하의 성질은 시원하고 맛은 매우며 효능으로는 체질이 허약한 노인성 감기로 인해 열이 나면서 머리가 아프고 목이 붓는 기침에 효과가 있고 입안에 염증이 생겨 잇몸이 아플 때에도 사용한다.

⑯ 쑥 : 동의보감에 쑥은 부인병을 좋게 하며 하혈을 낫게 하고 복통을 없애며 몸이 차가운 것을 따뜻하게 하고 비 · 간 · 신경에 작용하여 한사를 없애고 이한증을 치료한다고 되어 있다.

⑰ 오가피 : 오가피 뿌리와 줄기 및 가지의 껍질 등을 장기복용하면 몸을 가볍게 한다 하여 오래전부터 사용해 왔으며 제2의 인삼으로 불렸다. 성질이 따뜻하고 맛은 맵고 쓰며 독이 없다. 근골을 튼튼하게 하며 정신을 강하게 하고 관절에 쥐가 나는 증상과 하지무력증 등에 쓰인다.

⑱ 은행 : 은행은 성질은 평하고 맛은 달고 쓰며 떫고 약간 독성이 있다. 익혀 먹으면 폐의 기를 튼튼하게 하고 천식과 기침을 멈추게 하며 냉을 치료하는데 쓰인다.

⑲ 진피 : 진피는 귤껍질을 말린 것으로 성질은 따뜻하고 맵고 쓰다. 가슴이 답답하고 배가 더부룩하거나 소화불량 또는 식욕부진에 효과가 있으며 고혈지방이나 동맥경화 및 비만 · 기침 · 가래에 쓰인다.

⑳ 치자 : 음식의 식재료, 옷감의 천연색소로도 사용되었으며, 성질은 차고 맛이 쓰며 독은 없고 가슴과 대 · 소장의 열을 없애며 속이 답답한 증상을 낫게 한다. 입이 마르고 눈에 핏줄이 서며 붓고 아플 때 몸속의 충독을 없애준다.

㉑ 황기 : 황기는 성질이 따뜻하고 맛이 달며 독이 없어 기를 더하여 준다. 비장이 약해서 소화에 이상을 일으켜 설사할 때 사용하며 피부의 땀구멍을 조절하는 역할도 해 식은땀을 흘리거나 잠잘 때 많은 땀을 흘리는 경우 땀 분비를 줄여 준다.

체질별 소개

태양인 : 사상체질 중에서 가장 드문 체질이라고 해요. 독선적인 성격, 잘난척, 남과 어울리지 못하는 큰 단점들이 있지만 이를 다 가릴 정도의 다양한 장점을 가지고 있어요. 성격도 화통하고 직전적이고, 좋고 싫음을 분명히 가를 수 있고, 전략을 세워서 일을 추진하는 능력이 탁월해요. 신체적인 특징으로는 머리가 크고 몸이 상대적으로 작아요. 가슴이 근육질로 잘 발달되어 있구요.

*보양식 : 메밀음식, 붕어찜　약재 :오가피, 송화, 솔잎

차 : 녹차, 모과차　*무

소양인 : 외향적이며 유쾌한 성격을 가지고 있구요 사람들과 참 잘 어울리는 그런 타입이에요. 다만, 신경질 적인 측면과 변덕스러운 부분도 어느 정도 있어요. 뒤끝은 없는 쿨한 타입이에요.

*보양식 : 오리고기　약재 : 결명자, 홍화, 박하, 영지버섯

차 : 구기자차, 산수유차　*감자

태음인 : 성격이 점잖은 편이고, 신중해서 경솔한 말과 행동을 잘 하지 않는 진득한 사람들이에요. 끝까지 오래 무엇인가를 할 수 있는 지구력이 상당히 강해서, 무언가 성과를 얻을 때까지 포기를 하지 않는 편이지요. 결심이 서면 포기를 하지 않고, 한 분야에서 최고가 되는 경우가 많대요. 목덜미 위쪽으로는 상당히 기운이 약한 편이랍니다. 하지만 허리가 있는 몸의 중심이 상당히 발달을 한 편이어서 흔히 말하는 사장님의 체형이라고 할까요? 약간 배가 나온 그런.. 뼈대 자체는 상당히 튼튼하답니다. 꾸준하게 운동을 통해 땀을 체외로 배출을 해주셔야 살이 찌지 않을 수 있답니다. 등산이나 조깅은 꾸준하게 해주는 것이 좋고요, 과격한 운동보다는 꾸준히 뭔가 지구력 있게 할 수 있는 스트레칭이나 요가도 좋아요.

*보양식 : 장어　약재 : 녹용, 오미자, 맥문동　차 : 율무차, 칡차

*당근

소음인 : 상체가 좀 빈약하고 뼈대는 좋지만, 살십이 없는 편이에요. 여자분들이 이럼 좋을 것 같아요. 얌전하고 차분한 스타일이라고나 할까요? 차가운 성질을 가지고 있는 분들이 많아서, 땀이 잘 나지 않는답니다. 체질적으로 땀이 많지 않으니 사우나 같은 곳도 어울리지는 않겠지요? 비위가 약한 여리여리한 타입들이에요. 미각도 발달이 되어 있어서 미식가가 많구요. 음식을 고루고루 잘 챙겨먹어야 해요.

*보양식 : 삼계탕, 보신탕　약재 : 익모초, 황기, 계피, 당귀　차 : 인삼차

*오이

Part II 한국의 전통음식

주식류 / 국, 탕 및 전골류 / 전, 적 및 구이류
선, 찜 및 조림류 / 생채, 숙채 및 회류 / 장류
찬품류 / 장아찌류, 김치류 / 발효청 / 후식류

주식류

오곡밥

Story Telling

정월 대보름에 먹는 오곡밥은 풍농을 기원하는 뜻이 담겨 있어 농사밥이라고도 하며, 대보름 즈음에 먹는다 하여 보름밥이라고도 한다.

01

재료 및 분량

찹쌀 2컵
붉은팥 1/3컵
차수수 1/8컵
검은콩 1/3컵
차조 1/4컵
소금 1작은술

만드는 방법

1. 찹쌀은 씻어서 물에 불린다.
2. 팥은 터지지 않을 정도로 삶아서(1/2 정도 삶음) 건져 둔다.
3. 차수수는 떫은맛을 없애기 위해 씻어서 하루 담가 둔다.
4. 콩은 물에 4시간 이상 불려두고 차조는 씻어서 건진다.
5. 준비된 곡류들을 모두 섞어 김오른 찜솥에서 소금물을 주며 40분간 찐다.

Check Point

오곡밥이나 찹쌀밥은 찜통에서 소금물을 고루 뿌려주면서 쪄야 질어지지 않고 고슬고슬하게 쪄진다.

Note

주식류

콩나물밥

Story Telling

쌀에 고기와 콩나물을 함께 넣고 밥을 양념장에 비벼 먹는 음식으로 겨울철 비타민 공급원이다.

02

재료 및 분량

불린쌀 2컵
쇠고기 100g
콩나물 200g

양념장
간장 3큰술
설탕 1/2작은술
참기름 1큰술
깨소금 1큰술
다진파 1큰술
다진마늘 1/2작은술
고춧가루 1작은술

만드는 방법

1. 쇠고기를 곱게 채썰고 콩나물은 꼬리를 떼고 씻는다.
2. 냄비에 쌀을 담고 콩나물과 고기를 올린 다음 물을 붓는다.
3. 한 번 끓어오르면 불을 줄여 익힌 후 뜸을 들인다.
4. 주걱으로 골고루 섞으면서 그릇에 푼다.
5. 양념장을 만들고 4와 곁들인다.

Check Point

콩나물이 익으면서 수분이 나오므로 보통의 흰밥을 할 때보다 물 분량을 줄여서 해야 질어지지 않는다.

Note

주식류

닭온반

Story Telling

온반은 밥에 뜨거운 고깃국을 얹은 장국밥을 말하며, 닭온반은 밥 위에 나물을 얹고 닭살과 약간의 국물을 부어 만든 함경도 향토 음식으로 닭비빔밥이라고도 부른다. 사시사철 즐겨 먹었던 음식이다.

03

재료 및 분량

쌀 180g(1컵)
닭 300g
애호박 100g
당근 60g
건표고버섯 3개
생강 5g
마늘 30g
대파 20g

양념장
간장 2큰술
설탕 1/2작은술
다진파 1큰술
다진마늘 1작은술
깨소금 1작은술
찬기름 1작은술

만드는 방법

1. 닭은 깨끗이 씻어 끓는 물에 향미채소를 넣고 삶는다.
2. 1을 건져서 살을 발라 결 방향으로 찢고 국물은 고운 체에 걸러 간장과 소금을 넣고 간을 한다.
3. 불린 쌀에 물을 붓고 한번 끓어오르면 불을 줄여 익힌 후 뜸을 들인다.
4. 애호박은 껍질부분을 채 썰어 소금에 절였다가 물기를 꼭 짜서 볶아 둔다.
5. 당근도 5cm 길이로 채 썰고, 표고버섯은 불려서 꼭지를 따고 가늘게 채 썰어 볶는다.
6. 밥을 그릇에 담고 5의 재료를 얹고, 가운데 닭살을 얹은 후 육수를 약간 부어 양념장과 함께 낸다.

Check Point

닭살이 무르지 않게 삶아 닭살을 찢어 사용하고, 닭 껍질을 벗기고 삶아야 기름기가 적은 담백한 육수가 나온다.
육수와 양념장은 집간장을 사용하는 것이 좋다.

Note

주식류

비빔밥

Story Telling

남은 음식은 해를 넘기지 않는다고 하여 섣달그믐날 저녁에 남은 음식을 모아 비비는 밥으로, 민간의 풍속에 음력 12월 30일인 섣달그믐에 남은 음식을 모두 모아서 골동반(骨董飯)을 먹는다고 한다. 여기서 골동반은 비빔밥을 가리키는 한자어이다.

04

재료 및 분량

쌀 180g(1컵)
소고기 100g
애호박 100g
도라지 100g
불린고사리 100g
생강 5g
마늘 30g
대파 20g
쇠고기 50g
쌀 (소금 1/2작은술, 참기름 1큰술, 깨소금 1작은술)
건표고버섯 2장
애호박 50g
콩나물 50g
고사리 50g
도라지 30g
동태살 50g
밀가루 2큰술
달걀 2개
다시마 5cm
식용유 2큰술

양념
간장 1/2작은술
설탕 1/3작은술
파 1/2작은술
다진 마늘 1/4작은술
후춧가루 1/8작은술
참기름 1/4작은술
깨소금 1/2작은술
볶은고추장 3큰술
고추장 2큰술
물 2큰술
설탕 2작은술
파 1/2작은술
마늘 1/4작은술
깨소금 1/2작은술
참기름 1/2작은술

만드는 방법

1. 쇠고기는 채 썰고, 건표고버섯은 따뜻한 물에 불려 곱게 채 썬 다음 각각 양념한다.
2. 애호박은 돌려깎기하여 4×0.2×0.2cm로 채 썰어 소금에 절인 다음 꼭 짠다.
3. 콩나물은 머리 · 꼬리를 따고 삶아서 무치고, 고사리, 도라지도 다듬어 손질하고 애호박과 같은 크기로 썰어 밑간을 한다.
4. 동태살은 4×1×0.3cm로 썰어 밑간을 하고 밀가루에 달걀옷을 입혀 전을 부친다.
5. 다시마는 기름에 튀겨 잘게 부수고 달걀은 황 · 백지단을 부쳐서 4×0.2×0.2cm로 채썬다.
6. 콩나물을 제외한 위의 부재료를 각각 볶아 식힌다.
7. 밥을 고슬고슬하게 지어 참기름과 소금을 조금 넣고 골고루 비빈 다음, 위에 얹을 재료만 남기고 나머지 재료를 넣어 비빈다.
8. 그릇에 부재료와 비빔밥을 담고 지단 · 전 · 튀각 · 나물 등을 색색이 웃기로 얹은 후 볶은고추장을 함께 낸다.

Note

주식류

타락죽

Story Telling

타락(駝酪)이란 우유를 가리키는 옛말이며 쌀을 갈아서 물 대신 우유를 반 분량 넣어 끓인 무리죽이다.
어린이 이유식이나 환자식으로 적당하며, 조선왕조 때는 동대문 쪽의 낙산(酪山)에 목장이 있어 궁중에 진상을 하였다. 《지봉유설》 (수락, 타락죽), 《규합총서》 (타락죽 : 酡酪), 《조선요리제법》 (타락죽)에 소개되어 있다.

05

재료 및 분량

쌀 1/2컵
물 2컵
우유 1컵
소금 1/4술
꿀 1작은술
잣 1/2작은술

만드는 방법

1. 쌀을 씻어 물에 30분 이상 충분히 불려 준다.
2. 불린 쌀에 물 1컵을 섞어 믹서에 넣고 찌꺼기가 남지 않도록 곱게 갈아 준다.
3. 두꺼운 냄비에 갈아 놓은 쌀과 남은 물을 붓고 불에 올려서 나무주걱으로 저으면서 끓인다.
4. 흰죽이 거의 퍼지면 우유를 조금씩 넣어 가면서 나무주걱으로 멍울이 생기지 않게 끓인다.
5. 따뜻할 때 꿀과 소금을 넣어 간을 맞춘 후 그릇에 담고 잣을 올린다.

Check Point

우유를 넣고 끓이는 죽이므로, 우유를 넣고 너무 끓이면 우유가 뭉쳐서 매끄러운 죽이 나오지 않는다. 물의 비율은 물과 우유를 합한 양으로 한다.

Note

주식류

전복죽

Story Telling

전복죽은 전복을 얇게 저며서 불린 쌀과 함께 쑨 별미죽으로, 내장을 함께 넣으면 은은한 녹두빛이 난다. 전복은 예부터 임금님께 올렸던 진상품 중에서도 가장 귀한 대접을 받았던 식품이다.

06

재료 및 분량

생전복 300g
불린 멥쌀 1컵
참기름 2큰술
물 6컵
소금

만드는 방법

1. 전복은 깨끗이 씻어 껍질과 내장을 제거한 후, 솔로 말끔히 닦는다.
2. 손질한 전복을 얇게 모양을 살려 저민다.
3. 냄비에 전복과 멥쌀을 참기름에 쌀알이 투명해질 때까지 볶은 후, 물을 부어 약간 센불에서 끓인다.
4. 30이 한번 끓어오르면 불을 낮추고 쌀알이 충분히 퍼지도록 끓인 다음에 소금으로 간을 맞춘다.

Check Point

냄비에 쌀과전복을 참기름에 볶다가 물을 붓고 은근한 불에서 끓인다.
생전복을 사용할 때는 파란 내장인 게웃을 터뜨려 넣어서 끓이면 은은한 녹두색에 향기도 매우 좋다.

Note

주식류

규아상

Story Telling

규아상은 일명 '미만두' 라고도 하며 여름에 먹는 찐만두이다. 해삼 모양처럼 빚는데 오이, 표고버섯, 쇠고기를 익혀서 소로 이용하므로 잠깐만 쪄내도 된다.

07

재료 및 분량

밀가루 1컵(소금 1/2작은술, 물 3~4큰술)
오이 150g
건 표고버섯 3장
쇠고기 100g
실백 1큰술

쇠고기 양념
간장 1/2큰술
설탕 1/4큰술
파 1/2작은술
마늘 1/4작은술
참기름 1/4작은술
참깨 1/2작은술
후춧가루

전체양념
소금 1/4작은술
마늘 1/2작은술
깨소금 1/2작은술
참기름 1/2작은술

초간장
간장 2큰술
물 2큰술
식초 2큰술
설탕 1작은술

만드는 방법

1. 밀가루는 소금물로 반죽한 후에 0.1cm의 두께로 얇게 밀어서 지름 7cm 크기의 만두피를 만든다.
2. 오이는 4×0.1×0.1cm로 채 썬 다음, 소금에 살짝 절여 물기를 꼭 짠다.
3. 건표고버섯은 따뜻한 물에 담가 기둥을 떼고 3×0.1×0.1cm로 채 썬다.
4. 쇠고기는 4×0.1×0.1cm로 채 썬 다음에 양념한다.
5. 2~4를 각각 볶은 후 식혀 양념하여 소를 만든다.
6. 1의 만두피에 5의 소와 잣을 놓고 등에 주름을 내어 빚는다.
7. 김이 오른 찜통에 만두를 넣어 센불에서 3~5분 동안 찐다.
8. 담쟁이잎을 깔고 담아낸 후 초간장을 곁들인다.

Check Point

만두를 쪄낸 후 접시에 담아 그대로 두면 만두끼리 붙거나 접시 바닥에 닿아 찢어지기 쉬우므로 참기름을 발라 달라붙지 않도록 한다.

Note

주식류

어만두

Story Telling

흰살생선인 민어나 도미 및 광어의 살을 얇게 포떠 만두소를 넣고 반달 모양으로 만들어 녹말을 씌워서 쪄낸 여름철 별미음식이다.

어만두는 조선시대 양반층을 중심으로 퍼져 있던 음식으로, 여름철 어른 생신의 점심상에 많이 올려진 음식이다.

08

재료 및 분량

민어살 300g (소금 1/2작은술, 후춧가루 1/8작은술)
녹말가루 10큰술
쇠고기 100g
건표고버섯 3개
숙주 100g
오이 1/2개
목이버섯 3개

쇠고기 양념
간장 1작은술
설탕 1/2작은술
다진파 1/2작은술
다진마늘 1/4작은술
깨소금 1작은술
참기름 1/2작은술
후춧가루

소양념
소금 1/2작은술
참기름 1작은술
깨소금 2작은술

겨간장
간장 1큰술
물 1큰술
발효겨자 1작은술
식초 1/2큰술
설탕 1/2작은술

만드는 방법

1. 생선은 8×5×0.4cm 정도로 포를 떠서 소금, 후추를 뿌린다.
2. 쇠고기와 불린 목이버섯, 불린 표고버섯은 채 썰어 고기와 함께 양념한다.
3. 숙주는 다듬어 데치고, 오이는 4cm 길이로 돌려깎기하여 0.1cm 두께로 채 썰어 소금에 절여 준다.
4. 숙주를 제외한 2~3의 재료를 각각 볶아 섞어 양념하여 소를 만든다.
5. 1의 생선살을 반듯하게 펴서 녹말을 묻히고 한 편에 소를 놓아 둥그렇게 만든 다음, 표면에 다시 녹말을 묻혀 흡수될 때까지 둔다.
6. 만두는 열이 오른 찜통에서 10여분 쪄내어 겨자장을 곁들인다.

Check Point

어만두의 표면에 녹말가루가 완전히 스며든 후에 쪄내야 표면이 매끄럽고 깨끗하며 전분가루가 그대로 묻어나지 않는다.

Note

주식류

석류탕

Story Telling

복주머니 모양으로 만두를 빚은 후 쇠고기육수에 끓여 소금이나 국간장으로 간한다. 석류탕은 만둣국의 일종으로 늦가을 석류 열매가 맺어 입이 약간 벌어진 모양을 본떠서 빚은 것이다.

09

재료 및 분량

밀가루 1컵(소금 1/2 작은술, 물 4큰술)
쇠고기 70g
닭고기 70g
무 50g
숙주 50g
미나리 30g
건표고버섯 2개
두부 60g
잣 1작은술
달걀 1개

육수
양지머리 100g
물 6컵
파 1/4뿌리
마늘 2쪽
국간장 1큰술
소금 1작은술

고기 양념
소금 1/2작은술
파 1/2작은술
마늘 1/4작은술
참기름 1/2작은술
깨소금 1/2작은술
후춧가루 1/8작은술

소 양념
소금 1/2작은술
깨소금 1작은술
참기름 1작은술
후춧가루

만드는 방법

1. 쇠고기와 닭고기는 곱게 다진 후에 고기양념을 한다.
2. 무는 채 썰어 끓는 물에 데치고, 숙주와 미나리도 데쳐서 썰고 건표고버섯은 불려서 곱게 채 썬다.
3. 미리 준비한 재료들과 두부를 으깨어 섞어 양념하여 소를 만든다.
4. 양지머리를 넣어 육수를 끓여 체에 밭쳐서 간을 맞추어 놓는다.
5. 달걀은 황 · 백으로 나누어 지단을 도톰하게 부쳐서 사방 1.5cm의 마름모꼴 모양으로 썬다.
6. 밀가루를 반죽하여 직경 6cm 정도로 얇게 밀어 3의 소를 넣고 잣을 넣어 석류 모양으로 빚는다.
7. 4의 육수를 끓이다가 6의 만두를 넣어 익힌다.
8. 그릇에 담고 지단을 띄운다.

Check Point

닭고기 대신에 꿩고기를 사용하여 만들기도 하며, 밀가루 반죽에 색을 들여서 만들기도 한다.

Note

주식류

조랭이떡국

Story Telling

조랭이떡국은 새해 아침 한해의 안녕을 기원하면서 누에고치 모양으로 만든 개성 지방의 향토음식이다. 다른 뜻으로는 조롱박이 액막이를 한다고 하여 조롱박 모양과 비슷한 조랭이떡국을 끓여 먹었다고 한다.

10

재료 및 분량

쌀가루 200g
물 2큰술
달걀 1개
국간장 1큰술
소금 1큰술

육수
양지머리 100g
물 5컵
파 1/4뿌리
마늘 2쪽
국간장 1작은술
소금 1작은술

고기 양념
소금 1/8작은술
참기름 1/4작은술
깨소금 1/2작은술
후춧가루 1/8작은술

만드는 방법

1. 양지머리는 물에 담가 핏물을 빼고 냄비에 물 5컵을 붓고 고기와 향미채소를 넣고 끓여 육수를 만든다.
2. 1의 고기는 건져서 결대로 가늘게 찢어 양념하고, 국물은 체에 밭쳐서 국간장과 소금으로 간을 맞춘다.
3. 쌀가루에 물을 뿌려 쪄낸 다음, 절구에 친 흰떡을 1cm두께로 길게 밀어 참기름을 바르면서 나무칼로 허리를 잘록하게 썰어 누에고치 모양의 조랭이떡을 만든다.
4. 달걀은 황 · 백지단을 부쳐 마름모꼴 모양으로 썬다.
5. 육수가 끓으면 조랭이떡을 넣고 조랭이떡이 익어서 떠오르면 그릇에 담고 국물을 부어 지단과 2의 고기 무친 것을 얹어 낸다.

Check Point

쌀가루를 쪄서 절구에 오래 쳐야 쫄깃해지며 만드는 동안 흰떡이 굳지 않도록 김 오른 찜통에 젖은 면보를 덮어 둔다.
고명으로 쇠고기와 쪽파를 번갈아 끼워 양념한 고기산적을 지져서 올리기도 한다.

Note

주식류

모둠쌈밥

Story Telling

케일 : 녹즙으로 많이 활용되며 신경통에 효과가 있고 유해물질을 배출해준다. 또 정장작용, 콜레스테롤 수치를 낮춰주는 작용을 한다.

근대 : 카로틴, 칼슘, 철분 함량이 높고 섬유질이 풍부해 뼈기능 강화와 배변활동에 도움을 준다.

겨자 : 매운맛이 특징이며 살균작용이 있어 육류나 생선요리에 곁들이면 좋고 비타민, 철분, 칼슘이 풍부하다.

치콘 : 이탈리아 채소로 트레비소라 불리며 칼슘, 인, 철, 비타민이 풍부해 샐러드로도 많이 활용된다.

로즈 : 모양이 꽃주름이 있어 장식용이나 색을 내는 샐러드에 활용된다. 칼슘, 철, 비타민이 풍부하다.

11

재료 및 분량

쌈류(종류별)
쌀 2컵
볶은소금 1작은술
참기름 1큰술
통깨 1작은술
간 고기 100g

고기양념
간장 1큰술
설탕 1작은술
참기름 1작은술
다진마늘 1작은술
다진파 1작은술
후추 소량

쌈장
볶은견과류(호두,땅콩,잣) 2큰술
쌈장 2큰술
매실청 1큰술
조청물엿 1큰술
참기름 1작은술

만드는 방법

1. 쌈은 끓는 물에 데친 후, 얼음물에 담가 식힌 다음에 수분을 제거한다.
2. 밥을 고슬하게 짓는다.
3. 간 고기에 양념하여 팬에서 볶아 둔다.
4. 밥에 볶은고기 · 볶은소금 · 참기름을 넣어 간을 한다.
5. 밥을 작게 만들어 쌈 채소에 말아 준다.

Check Point

쌈채소는 얼음물에 담가야 색감과 색이 좋다.

Note

주식류

연잎영양밥

Story Telling

연잎 : 하옆이라 불리며 지혈작용, 어혈제거, 기침, 가래해소 등 진정작용을 하고 감기예방과 콜레스테롤 수치를 떨어뜨리는 기능을 한다. 잎을 활용해 차를 만들거나 음식을 보관할 때 향을 내는 용도로 쓰인다.

연근 : 뿌리채소로 섬유질, 비타민, 무기질이 풍부하고 진정작용, 신경과민이나 스트레스, 우울증에 도움이 된다. 뼈의 건강과 피부건강에도 도움을 주며 해독작용, 노화방지 등 건강을 위한식품으로 가을철 꼭 먹어야 되는 음식이다.

12

재료 및 분량

연잎 2장
찹쌀 2컵
멥쌀 1컵
연근 50g
깐밤 3개
대추 3개
은행 10알
잣 30g
검은콩 30g
팥 20g
볶은소금 1작은술
계피 5g
감초 1개

만드는 방법

1. 연잎 5g과 계피, 감초를 넣고 물 1리터를 부어 끓인다.
2. 찹쌀과 멥쌀은 씻어 1시간가량 불린 후 1의 끓인 물을 넣어 밥을 짓는다.
3. 콩과 팥도 각각 삶아 둔다.
4. 연근은 0.3cm 두께로 썰어 소금물에 데친다.
5. 밥에 소금 · 검은콩 · 팥 · 깐밤 · 대추 · 은행 · 연근을 넣어 버무린다.
6. 연잎으로 밥을 싸서 찜통에 넣어 30분가량 찜한다.

Check Point

밥과 콩, 팥을 압력솥에 지으면 시간을 단축할 수 있다.

Note

주식류

포공영밥

Story Telling

포공영 : 민들레 잎을 말려 놓은 것으로, 성분으로는 비타민 · 아스코르브산 · 카로틴 · 루테인이 많으며 위염을 다스리고 암세포 활성을 억제하며 간을 보호하고 머리카락을 검게 한다고 한다. 옛 의서에도 맛이 달고 쓰며 약성은 차다. 열을 내리고 염증을 치료하며 독을 풀고 피를 맑게 하는 데 사용되었다고 기술하였다.

13

재료 및 분량

불린쌀 2컵
찹쌀 1/2컵
포공영 10g
은행 10알
소금 1/2작은술
들기름 1작은술

양념장
간장 1큰술
양파청 1작은술
참기름 1작은술
깨소금 1작은술
고춧가루 1/2작은술

만드는 방법

1. 포공영은 깨끗하게 씻어 끓인 미지근한 물에 불려 준다.
2. 불린 포공영에 들기름과 소금을 넣어 버무린다.
3. 쌀에 분량의 포공영 불린 물을 넣어 주고 불에 올린다.
4. 은행은 살짝 볶아 껍질을 제거한다.
5. 밥물이 끓으면 양념한 포공영과 은행을 밥 위에 올리고 밥이 뜸이 들도록 익힌다.
6. 뜸이 들면 고르게 밥을 섞어 준다.

Check Point

포공영은 불려 들기름과 간장을 넣어 나물로 활용해도 좋다. 깨끗하게 씻어 사용하고 충분히 불려야 질기지 않다.

Note

주식류

홍화율무밥

Story Telling

홍화꽃잎 : 동의보감에 '성질이 맵고 따뜻하여 체내의 혈액순환을 좋게 하고 어혈을 제거해 준다. 염증치료에도 효력이 있으며 샤프란과 같은 노란 천연색소로 식감을 올리는 효과를 줄 수 있다.' 라고 기술되어 있다.

율무 : 1년생 초본식물로 본초강목에 의하면 비장과 위를 도우며 열을 내리게 한다. 동맥경화와 심장병을 예방하며 콜레스테롤 수치를 감소시켜 성인병 예방과 치료에 활용되고 돌연변이 작용을 억제하는 효력이 있어 암치료 시 식이요법에 사용되며 설사나 부종현상에도 완화하는 작용을 한다.

14

재료 및 분량

불린쌀 2컵
불린찹쌀 1컵
불린율무 1/2컵
홍화 5g
소금 소량

만드는 방법

1. 홍화잎은 빠르게 씻은 후, 끓여 식힌 물에 20분 정도 불린다.
2. 율무는 물을 넣어 삶아서 준비한다.
3. 불린 쌀과 찹쌀 삶은 율무에 홍회잎 불린 물을 넣고, 소금 소량을 넣어 밥을 짓는다.

Check Point

홍화잎은 천연색소로, 다양한 조리에 사용하면 좋다.

Note

주식류

곤드레밥

Story Telling

곤드레나물 : 무기질 · 칼슘 · 인 · 비타민 A(베타카로틴)가 풍부한 구황식물로 봄철에서 여름에 채취하여 삶아 나물이나 밥으로 사용되고 말려서 보관하기도 한다. 지혈작용을 하여 어혈을 풀어 주고 염증치료에도 도움을 주며, 여성질환 및 변비예방에도 효과가 있다.

15

재료 및 분량

불린쌀 2컵
곤드레나물 200g
들기름 1큰술
국간장 1작은술
소금 소량

양념장
간장 2큰술
매실청 1작은술
들기름 1/2큰술
깨소금 1작은술
다진쪽파 1작은술

만드는 방법

1. 곤드레는 끓는 물에 3분가량 삶아 찬물에 헹군 후 들기름 1큰술, 국간장 작은술, 소금 소량에 버무린다.
2. 불린쌀에 물을 넣어 밥을 짓고 밥물이 끓으면 1.의 버무린 곤드레를 올려 밥을 짓는다.
3. 뜸이 들면 밥과 곤드레를 고르게 섞는다.
4. 양념장을 곁들인다.

Check Point

곤드레나물이 마른 상태라면 충분히 불린 후에 사용한다.

Note

주식류

해바라기씨와 잣 약선죽

Story Telling

해바라기씨 : 중국문헌에 '기를 소통하고 혈을 치료한다' 고 나와 있으며 평상시 많은 중국인들이 간식으로 즐겨 먹는다. 비타민 A · 비타민 E · 리놀산 등 지용성 비타민이 풍부해 피부미용과 뇌기능 발달에 도움을 주며 엽산 성분이 풍부하여 심장질환이나 뇌졸증 예방에 도움이 된다.

잣 : 동의보감에 잣은 '해송자' 라 하여 기운을 돋게 한다고 하며, 피부를 부드럽게 하고 레시틴 성분이 풍부해 뇌세포활성에 도움이 되어 두뇌발달과 치매예방에 도움을 준다.

16

재료 및 분량

해바라기씨 50g
잣 50g
불린찹쌀 1컵
참기름 1큰술
소금 1작은술

만드는 방법

1. 해바라기씨와 잣은 팬에 약불로 볶은 후 다진다.
2. 불린 찹쌀은 절구에 넣어 찧는다.
3. 냄비에 참기름을 두르고 빻은 찹쌀을 볶은 후 물을 넣어 끓인다.
4. 죽이 퍼지면 다진 해바라기씨와 잣을 넣어 죽을 더 끓인다.
5. 소금으로 간한다.

Check Point

잣은 빛이 없는 곳에 밀봉하여 보관해야 맛을 유지할 수 있다.

Note

주식류

양고기 인삼죽

Story Telling

양고기 : 본초강목과 동의보감에 의하면, 정력과 기운을 돋우며 몸에 기력을 살리고 정신을 맑게 하여 허약체질을 개선하는 데 도움을 준다고 한다.

인삼 : 신농본초경에 인삼의 효능은 오장의 기운을 왕성하게 하여 몸을 따뜻하게 하고 원기를 보한다고 한다. 5000년 넘게 인삼은 불로장생의 영약으로 인식되어 약재로도 활용되었으며 암세포 발육 억제작용에 효력이 있음이 증명되었고 면역력 증강에도 도움을 준다.

17

재료 및 분량

양고기 100g
인삼 1뿌리
황기 2뿌리
대추 3개
불린쌀 1컵
대파 1대
참기름 2큰술
소금 1작은술

양념장
간장 1큰술
효소청 1작은술
다진파 1작은술
다진마늘 1작은술
깨소금 1작은술
참기름 1작은술

만드는 방법

1. 양고기 · 인삼 · 대추는 0.3cm 정도 다져 준비한다.
2. 황기, 대추씨, 대파를 넣은 2리터의 물을 끓여 1리터 가량 준비한다.
3. 양고기는 양념장에 살짝 버무려 밑간한다.
4. 냄비에 참기름을 두르고 쌀과 양고기를 볶은 후 황기 끓인 물을 넣어 죽을 끓인다.
5. 인삼과 대추를 넣어 주고 죽이 완성되면 소금과 참기름을 넣어 준다.

Check Point

황기는 중불에서 충분히 끓여 그 물을 사용한다. 양념장은 양고기 밑간과 죽을 먹을 때 부족한 간을 맞추는 용도로 사용한다.

Note

주식류

연자죽

Story Telling

연자 : 연꽃의 씨앗으로 맛이 달고 심장과 비장 및 신장기능을 강화하는 데 도움을 주며 한의학에서 여성 냉증치료 · 식욕부진 · 불면증 · 소화장애 등에 쓰여졌고, 현대의 실험을 통한 결과로 뇌신경세포 보호 및 활성산소를 제거하는 데 도움을 줄 수 있다는 결과가 나와 있다. 중국의 불교문화가 들어온 고려시대부터 차나 음식 등 사찰요리로 전해졌으며 요즘에는 건강식 요리에 활용되고 있다.

18

재료 및 분량

불린찹쌀 1컵
연자분말 50g
참기름 1/2큰술
소금 1작은술

만드는 방법

1. 찹쌀은 절구에 넣어 찧어서 준비한다.
2. 연자분말은 2배의 물을 넣어 풀어 준다.
3. 냄비에 참기름을 두르고 찹쌀을 볶은 후에 물을 넣어 끓인다.
4. 쌀이 퍼지면 불린 연자분말을 넣어 죽을 끓인다.
5. 소금을 넣어 죽을 완성한다.

Check Point

식성에 따라 꿀을 넣거나 볶은 견과류를 넣어도 좋다.

Note

주식류

굴 매생이죽

Story Telling

굴 : 바다의 우유라 불릴 정도로 영양소가 풍부하고 천연 강장제이며 우리 몸의 콜레스테롤 수치를 낮춰 주고 혈압을 떨어뜨리는 효능이 있으므로 성인병 예방에 도움을 준다.

매생이 : 겨울철 영양식 재료로 철분 · 칼륨 · 요오드 등 뼈에 좋은 성분이 풍부하여 골다공증, 성장기 뼈 건강에 도움을 주고 무기질과 비타민은 피부미용과 콜레스테롤 수치를 낮추는 데 도움을 준다. 숙취해소에 좋은 아스파라긴산이 들어 있어 간기능 회복에 좋아 해장으로도 즐겨 먹는다.

19

재료 및 분량

매생이 200g
생굴 200g
불린쌀 1컵
불린찹쌀 1/2컵
국간장 1큰술
소금 1작은술
참기름 2큰술

만드는 방법

1. 매생이와 굴은 소금물에 씻는다.
2. 냄비에 참기름 1큰술을 넣고 불린 쌀, 찹쌀을 볶은 후 물을 넣어 쌀이 퍼지도록 끓인다.
3. 매생이와 굴을 넣고 5분 정도 끓인 후 국간장, 소금으로 간을 한다.
4. 불을 끄고 참기름 1큰술을 넣어 죽을 완성한다.

Check Point

매생이와 굴은 조직이 연해 2~3번 소금물에 살살 씻어 줘야 한다.
오래 끓이면 매생이와 굴의 맛도 떨어지고 매생이의 색도 좋지 않다.

Note

주식류

검은콩죽

Story Telling

검은콩 : 단백질이 풍부하고 무기질 성분이 많아 뼈를 강하게 하며 피부를 윤택하게 한다. 백발증세나 새치에도 도움이 되며 신장기능을 도와 수분조절과 지방성분이 몸에 축적되는 것을 예방해 주고 콜레스테롤 수치를 낮춤으로써 신진대사 기능을 좋게 한다.

20

재료 및 분량

불린쌀 1컵
불린검은콩 1컵
천일염 1작은술

만드는 방법

1. 쌀은 절구에 넣어 3등분 정도 찧어 준비한다.
2. 콩은 소량에 소금을 넣어 비린맛이 없는 정도로 삶아 믹서기에 갈아 준다.
3. 찧은 쌀에 4배의 물을 넣어 죽을 끓인다.
4. 쌀이 퍼지면 갈아 둔 검은콩을 넣어 죽을 끓인다.
5. 소금은 먹기 전에 간을 한다.

Check Point

콩죽은 오래 끓이면 맛이 없어 콩은 따로 삶아 섞어 준다. 소금간을 미리 하면 콩단백질이 삭아 맛이 덜하다.

Note

주식류

목이죽

Story Telling

목이 : 식이섬유가 매우 풍부하여 장기능강화와 변비예방과 치료에 도움이 되며 철분이 많아 빈혈예방, 골다공증예방에도 도움이 된다. 동의보감에도 성질이 차고 평하여 독이 없고 차나 음식으로 먹으면 장건강에 좋다고 나와 있다.

마 : 뿌리채소로 섬유질과 비타민이 풍부하여 장과 변비치료에도 좋고 디아스타제, 뮤신, 디오스게닌 성분이 풍부하여 당뇨병, 위장질환에 효능이 있고 각종 비타민과 아미노산은 강장제 역할을 하여 산의 장어라 불린다.

21

재료 및 분량

목이 20g
마 60g
불린쌀 1/2컵
불린찹쌀 1/2컵
육수 6컵
참기름 2큰술
소금 1작은술

만드는 방법

1. 목이는 불린 후 0.3cm 정도 다져서 준비한다.
2. 마는 껍질을 벗긴 후 0.3cm 정도 크기로 다져서 준비한다.
3. 냄비에 참기름을 두르고 쌀을 볶아 준다.
4. 육수를 넣어 끓이고 쌀이 퍼지면 목이와 마를 넣어 끓인다.
5. 죽이 완성되면 소금으로 간을 하고 참기름을 넣어 완성한다.

Check Point

목이는 미지근한 물에 충분히 불려서 사용하고 꼭지 부분은 잘라 낸다. 마는 사용하기 전 껍질을 벗긴 후 바로 사용한다.

Note

주식류

추어죽

Story Telling

미꾸라지 : 단백질과 칼슘, 비타민 A · B_2 · D가 풍부해 강장식품으로 몸의 원기를 불어넣는 데 도움을 주는 식품이다.

산초 : 조피 · 재피 · 천초라고도 불리며 독특한 향이 강하여 후추나 겨자를 능가하는 천연 향신료이다. 중국요리에서는 사천지방 요리에 많이 사용되고 살균 해독작용과 기관지질환 · 소화촉진 · 피부염증 치료 등 한의학에서도 약재로 활용되었고 비린맛을 없애는 데 유용하여 추어탕, 보신탕 등에 넣어 준다.

22

재료 및 분량

불린쌀 1컵
미꾸라지 600g
얼갈이배추 40g
콩나물 30g
대파 1대
고추 2개
된장 1큰술
정종 1큰술
산초분말 1작은술

양념장
고추장 1큰술
고운고춧가루 1큰술
국간장 1큰술
다진마늘 1큰술
다진파 1큰술
다진생강 1작은술

만드는 방법

1. 미꾸라지는 비닐봉투에 넣고 소금 3큰술을 넣어 표면의 미끄러운 부분을 제거한다.
2. 물로 씻고 밀가루를 넣어 다시 비벼 씻는다.
3. 미꾸라지에 된장, 정종, 대파잎을 넣어 40분가량 끓인다.
4. 잠시 식혀서 믹서기에 넣어 갈아 준다.
5. 양념장을 넣고 물을 더 넣어 끓이다가 쌀을 넣어 죽을 끓인다.
6. 얼갈이배추와 콩나물을 넣어 준다.

Check Point

수제비를 만들어 넣어 주거나 국수를 넣어도 좋다. 미꾸라지는 충분히 씻어야 비린맛을 제거할 수 있다.

Note

주식류

대추죽

Story Telling

대추 : 오장의 기능을 고르게 강화하여 신경을 안정시키고 노화를 방지한다. 몸이 차고 허약한 체질에 기력을 회복시켜 주며 동의보감에 맛이 달고 독이 없어 장기적으로 먹으면 피부가 좋아지고 젊어진다고 한다. 당분, 유기산, 섬유질이 풍부해서 소화나 장 건강에도 좋다.

23

재료 및 분량

불린찹쌀 1컵
대추 50g
참기름 1작은술
소금 1작은술

만드는 방법

1. 불린쌀은 절구에 넣어 찧어서 준비한다.
2. 대추는 물을 넣어 무르게 삶는다.
3. 씨를 분리하여 믹서기에 갈아 준다.
4. 냄비에 참기름을 두르고 쌀을 볶은 후, 대추 삶은 물을 넣어 죽을 끓인다.
5. 쌀이 퍼지면 간 대추를 넣어 죽을 끓인다.
6. 소금을 넣어 죽을 완성한다.

Check Point

식성에 따라 꿀을 넣어 준다.

Note

주식류

녹두죽

Story Telling

녹두 : 콩과의 식물로 중국, 일본, 동남아 지역에 재배되며 물을 줘서 숙주로 길러 나물로 먹거나 죽이나 떡고물로 활용된다. 피로회복, 소염작용, 해열, 해독작용을 하며 원기보충을 통해 오장을 조화롭게 해준다.

24

재료 및 분량

거피녹두 1컵
불린찹쌀 1/2컵
불린쌀 1컵
참기름 1큰술
소금 1작은술

만드는 방법

1. 거피녹두는 삶아 준다.
2. 찹쌀과 쌀은 절구에 넣어 살짝 찧어 준비한다.
3. 냄비에 참기름을 두르고 쌀을 볶은 후 물을 넣어 끓인다.
4. 삶은 녹두를 넣어 잘 풀어지게 죽을 끓인다.
5. 소금과 참기름을 넣어 죽을 완성한다.

Check Point

녹두죽은 미리 소금을 넣으면 맛이 덜하므로 먹기 전에 간을 한다.

Note

국, 탕 및 전골류

임자수탕

Story Telling

'임자(荏子)' 는 참깨를 말한다. 궁중이나 양반가에서 여름 보양식으로 즐겨 먹은 전통음식이다. 임자수탕은 닭국물과 깻국물을 같이 쓰는 냉(冷) 보신음식이다.

01

재료 및 분량

참깨 1컵
쇠고기 50g
미나리 30g
오이 1/2개
달걀 2개
건 표고버섯 2개
홍고추 1개
두부 20g
녹말가루
잣 1큰술

육수
닭 400g
물 7컵
파 1/4대
마늘 2톨
생강 10g
소금 1작은술
국간장 1작은술
후춧가루 1/8작은술

완자 양념
소금 1/6작은술
파 1/4작은술
마늘 1/4작은술
참기름 1/4작은술
깨소금 1/4작은술
후춧가루 1/8작은술

만드는 방법

1. 닭은 깨끗이 씻어 향미채소와 함께 물을 붓고 닭을 무르게 삶은 다음, 건져 굵게 찢고 국물을 차게 식혀 기름기를 걷어내고 깨끗하게 밭친다.
2. 거피한 참깨는 1.의 육수를 넣고 곱게 갈아 체에 밭치고 나머지 육수를 섞어 간을 한다.
3. 1.의 닭살은 소금, 참기름, 후춧가루로 양념한다.
4. 쇠고기는 다져서 양념하여 완자를 만들어 지지고, 미나리는 초대를 부치고, 달걀은 황·백지단을 부쳐 골패형으로 썬다.
5. 오이는 껍질 부분을 도톰하게 벗겨 3×1×0.5cm로 썰고 홍고추, 건표고버섯도 손질하여 오이와 같은 크기로 썰어 녹말을 묻혀 끓는 물에 살짝 데쳐 냉수에 행군다(3번 반복).
6. 3.의 닭살을 그릇에 담고 그 위에 4, 5.의 재료를 얹고 준비한 국물을 살며시 붓고 잣을 올린다.

Check Point

소화가 잘 안되는 껍질은 벗겨내어 사용해야 국물이 깨끗하고 고소하게 나온다.
닭육수는 기름을 걷어내고 차게 해서 먹는다.

Note

국, 탕 및 전골류

애탕

Story Telling

쑥을 넣어 만든 쇠고기완자를 장국에 넣어 끓인 맑은장국이다.
쑥은 이른 봄에 나온 여린 잎일수록 맛과 향이 좋고, 어디에서나 쑥쑥 잘 자란다 하여 붙여진 이름이다.

02

재료 및 분량

쑥 100g
쇠고기 100g
두부 30g
밀가루 2큰술
달걀 2개
실파 20g

육수
양지머리 국물 3컵
국간장 1작은술
소금 1작은술

쇠고기 양념
소금 1/3작은술
파 1작은술
마늘 1/2작은술
참기름 1/2작은술
깨소금 1/2작은술
후춧가루 1/8작은술

만드는 방법

1. 어린 쑥을 손질하여 데쳐 찬물에 헹군 후에 꼭 짜서 곱게 다진다.
2. 쇠고기와 두부는 곱게 다져 양념하여 다진 쑥을 넣고 완자로 빚는다.
3. 실파는 손질하여 3cm로 썰고, 달걀은 황 · 백으로 나누어 지단을 부쳐 골패형으로 썬다.
4. 2의 완자는 밀가루, 달걀옷을 입힌다.
5. 양지머리 국물에 간을 한 뒤에 끓으면 4의 완자를 넣고 익힌다.
6. 뚜껑을 닫고 한소끔 끓으면 3의 실파를 넣고 그릇에 담아 지단을 올린다.

Check Point

국을 너무 오래 끓이면 완자에 입힌 옷이 풀어져서 지저분해지므로 완자가 떠오르면 바로 불을 끈다.
완자 속에 잣을 넣어 빚으면 씹는 맛이 고소하다.

Note

국, 탕 및 전골류

두부전골

Story Telling

전골은 고기나 채소를 푸짐하게 둘러 담아 즉석에서 끓여 조리하는 음식이다.
질감이 부드럽고 고소한 두부와 고기, 채소들을 함께 끓이는 부드럽고 담백한 맛의 전골요리이다.

03

재료 및 분량

두부 150g
쇠고기 50g
무 100g
숙주 50g
건표고버섯 3장
당근 50g
죽순 70g
미나리 30g

달걀 2개
녹말가루 2큰술

쇠고기 양념
소금 1/6작은술
파 1/2작은술
마늘 1/4작은술
참기름 1/4작은술
깨소금 1/2작은술

후춧가루 1/8작은술

육수 4컵
쇠고기 100g
물 6컵
마늘 2쪽
대파 1/2뿌리
통후추 1/8작은술

국간장 1작은술
소금 1작은술

만드는 방법

1. 두부는 3.5×2.5×0.4cm로 썰어 소금을 뿌린 후 간이 배이게 두었다가 녹말가루를 묻혀 지져낸다.
2. 쇠고기는 곱게 다져 양념하고, 육수는 향미채소를 넣고 끓여 체에 밭쳐서 간을 맞춘다.
3. 무는 5cm 길이로 잘라 길이로 채 썰고 양파도 채 썰어 놓는다.
4. 건표고버섯과 당근, 죽순은 4×1.5×0.2cm 크기로 썰어 놓는다.
5. 미나리는 줄기만 다듬어 1/2은 끓는 물에 데쳐 내고 나머지는 초대를 부친 다음 4×1.5cm 크기로 썬다.
6. 달걀은 황 · 백 지단을 부친 후 4×1.5cm로 썰어 놓는다.
7. 2.의 다져서 양념한 고기 반은 1.5cm 크기로 완자를 만들어 밀가루, 달걀옷을 입혀 지져 내고, 나머지 반은 지진 두부의 안쪽에 펴서 넣고 두쪽을 맞붙인 후 데쳐 낸 미나리로 가운데를 돌려 감는다.
8. 전골냄비 밑에 3.의 무채 썬 것과 손질한 숙주를 바닥에 깔고 그 위에 나머지 재료를 보기 좋게 돌려 담고 가운데는 두부를 올린다.
9. 완자로 장식한 다음에 육수를 부어 끓인다.

Check Point

가을철 햇콩으로 만든 두부를 사용하면 맛이 더욱 고소하며, 두부를 지질 때는 단단한 두부를 사용하는 것이 좋다.

Note

국, 탕 및 전골류

도미면

Story Telling

도미살을 전유어로 부쳐서 삶은 고기와 채소를 어울려 담고 끓는 장국을 넣어 끓여 먹는 궁중의 전골이다. 도미면은 승기악탕(勝妓樂湯)이라고도 불리는데 이는 '기생과 음악을 능가하는 탕' 이라고 하여 붙여진 이름이다.

04

재료 및 분량

도미(小) 1마리 (600g)
쇠고기(우둔) 50g
두부 50g
다홍고추 2개
미나리 30g
쑥갓 30g
실파 30g

건표고버섯 2장
목이버섯 3개
은행 5알
호두 2개
잣 1작은술
밀가루 3큰술
달걀 3개
식용유 2큰술

육수
양지머리 100g
물 6컵
마늘 2쪽
대파 1/2뿌리
통후추 1/8작은술
국간장 1작은술
소금 1작은술

완자양념
소금 1/4작은술
파 1/2작은술
마늘 1/2작은술
후춧가루 1/8작은술

양지머리양념
국간장 1작은술
다진파 1작은술
다진마늘 1작은술
참기름 1/2작은술
후춧가루

만드는 방법

1. 도미는 비늘을 긁고 내장을 손질하여 세장뜨기를 하고 살은 껍질을 벗겨 한입크기로 포를 떠서 밑간을 한다.
2. 양지는 삶아서 국물은 간 맞추어 육수로 사용하고, 고기는 4×0.8×0.3cm로 썰고 양념한다.
3. 쇠고기는 곱게 다져 두부와 함께 양념하여 지름 1.5cm의 완자를 만들고 지진다.
4. 홍고추는 반으로 갈라 4×0.3cm로 썰고, 미나리는 초대를 만들어 지진 다음에 4×0.8cm의 크기로 썬다.
5. 쑥갓은 짧게 자르고, 실파는 4cm 길이로 썰며, 건표고버섯은 손질하여 초대와 같은 크기로 썰어 양념하여 볶는다.
6. 목이버섯도 불려 하나씩 뜯어서 볶는다.
7. 달걀은 도톰하게 황·백지단을 부친 다음, 4×0.8×0.3cm의 골패형으로 썬다.
8. 1.의 살과 뼈에 밀가루, 달걀옷을 입혀 전을 부쳐내고 냄비에 도미뼈를 놓고 전을 뼈 위에 모양대로 담는다.
9. 8.에 지단과 채소를 색스럽게 돌려 담고, 호두·은행·잣을 웃기로 얹고 간 맞춘 육수를 부어 끓인다.

Check Point

도미는 붉은색의 참돔이 가장 맛이 좋고, 양지머리 육수를 부어 끓인 후 삶은 국수를 넣어 먹기도 하여 도미국수라고도 한다.

신선로

Story Telling

신선로는 원래 화통이 붙은 냄비 이름이고, 음식 이름은 '열구자탕(悅口子湯)' 이었으나 지금은 신선로가 음식 이름으로 바뀌었다. '열구자탕(悅口子湯)' 은 '입에 맞는 맛있는 탕' 이라는 뜻이다. 여러 재료들을 돌려 담은 다음에 맑은장국을 넣고 끓이면 각 재료에서 국물이 우러나와 맛이 매우 좋다.

05

재료 및 분량

		육수	완자양념	고기 · 탕거리양념
무 50g	건 표고버섯 20g	양지머리 100g	소금 1/4작은술	청장 1/2큰술
쇠고기 80g	당근 60g	물 6컵	파 1/2작은술	파 1/2작은술
두부 30g	죽순 50g	무 50g	마늘 1/2작은술	마늘 1/2작은술
양 100g	미나리 100g	파 1/2뿌리	후춧가루 1/8작은술	후춧가루
천엽 100g	은행 2큰술	마늘 2쪽	깨소금 1/2작은술	참기름 1/2작은술
동태살 100g	잣 2큰술	통후추	참기름 1/2작은술	
미나리 30g	호두 2개	국간장 1작은술	설탕 1/6작은술	
달걀 5개	밀가루 1/2컵	소금 1작은술		
석이버섯 10g	참기름			

만드는 방법

1. 냄비에 물을 부어 양지머리와 무를 함께 넣고 끓이다가 익으면 고기와 무는 골패 모양으로 썰고, 국물은 간을 하여 걸러 놓는다.
2. 당근 · 표고 · 죽순은 손질하여 5×2×0.3cm로 썰어 데쳐 놓는다.
3. 쇠고기는 곱게 다지고 두부와 섞어 양념하고 치대어 반은 은행알 크기의 작은 완자를 빚어 놓고, 나머지는 육전을 준비한다.
4. 천엽 · 동태 · 양은 손질하여 0.3cm 두께로 포를 떠서 소금, 후추를 뿌려놓는다.
5. 미나리는 손질하여 꼬치를 꿰어 밀가루, 달걀옷을 입힌다.
6. 3, 4, 5.를 각각 전을 부쳐서 5×4×0.3cm의 골패형으로 썰고, 완자는 밀가루와 달걀옷을 입혀 지져 놓는다.
7. 달걀은 노란 지단과 석이버섯을 섞은 흰지단을 부쳐 5×2×0.3cm의 골패형으로 썬다.
8. 은행은 파랗게 볶아 속껍질을 벗기고, 호두는 뜨거운 물에 담가 껍질을 벗긴다.
9. 썰어놓은 고기와 무는 양념하여 신선로 바닥에 깔아 높이를 맞추고 2, 6, 7, 8.의 각 재료를 색색이 돌려 담고 그 위에 호두 · 은행 · 잣 · 완자로 장식한다.
10. 1.의 육수를 붓고 뚜껑을 덮은 다음, 화통 속에 숯불을 넣어 상에 올린다.

Check Point

마른해삼 · 전복 · 등골 등을 전으로 부쳐서 넣기도 하며, 천엽과 양은 냄새제거를 위해 밀가루로 비벼 씻어 냄새를 제거한 후 전을 부친다.

국, 탕 및 전골류

갈비탕

Story Telling

토막친 소갈비에 무를 넣어서 끓인 탕으로 서울 · 경기 지역에서는 가리탕이라고도 한다. 전국적으로 먹으나 특히 서울 · 경기 및 전남에서 즐겨 먹었다.

06

재료 및 분량

소갈비 400g
무 200g(1/5개)
달걀 1개
대파 1뿌리
마늘 6쪽
양파 200g
통후추

양념
청장 12g(2작은술)
소금 8g(2작은술)

만드는 방법

1. 소갈비를 길이 5cm 정도로 자른 후에 물을 갈아 주면서 3~4시간 정도 찬물에 담가 핏물을 빼고 힘줄과 기름을 떼어 낸다.
2. 무와 향채는 깨끗이 씻는다.
3. 파의 흰부분은 폭 0.3cm로 어슷 썬다.
4. 달걀은 황백지단을 부친 후에 길이 1.5cm 정도의 마름모꼴로 썬다.
5. 냄비에 물을 붓고 끓으면 갈비를 넣고 튀한 후에 헹구어 준다.
6. 냄비에 갈비와 물을 붓고 센불에 올려 끓으면, 중불로 낮추어 1시간 30분 정도 끓이고 무와 향채를 넣어, 1시간 정도 기름을 걷어 가며 끓인다.
7. 무는 건져서 2.5×2.5×0.3cm 썰고, 육수는 식혀서 면보에 걸러 기름을 걷어 낸다.
8. 양념으로 각각 무친 갈비와 무를 냄비에 넣어 육수를 부어 센불에서 10분 정도 끓여 청장과 소금으로 간을 한다.
9. 그릇에 갈비탕을 담고 황백 지단과 파를 얹어서 낸다.

Check Point

갈비탕에 당면을 삶아 넣어 같이 먹기도 한다.
겨울철에는 갈비탕에 우거지와 된장을 풀어 넣고 우거지 갈비탕을 끓여 먹는다.

Note

국, 탕 및 전골류

삼계탕

Story Telling

닭과 인삼, 대추 등 좋은 재료들을 넣어 푹 고아 낸 여름철 한국 전통 보양식으로 삼보 시식의 하나이다. 연계(軟鷄 : 영계, 병아리보다 조금 큰 닭)를 백숙으로 푹 곤 것을 '영계백숙' 이라 하였는데, 여기에 인삼을 넣어 계삼탕(鷄蔘湯)이라고 하다가 삼계탕으로 굳어졌다.

07

재료 및 분량

닭 600g
찹쌀 4큰술
수삼 1뿌리
마늘 5쪽
대추 2개
은행 3알
대파
소금 1작은술
통후추

양념
소금
생강즙
후춧가루

만드는 방법

1. 닭은 뱃속까지 깨끗이 씻은 후 다리 안쪽에 칼집을 넣는다.
2. 찹쌀은 씻어 1시간 정도 불리고 대추는 가볍게 씻는다.
3. 수삼과 마늘은 씻어 놓고, 은행은 파랗게 볶아 껍질을 벗겨 놓는다.
4. 손질한 닭의 뱃속에 찹쌀과 마늘, 대추를 넣고 찹쌀이 빠져 나오지 않게 칼집 사이로 다리가 서로 엇갈리도록 끼운다.
5. 냄비에 닭과 수삼을 담고 물을 부어 1시간 정도 끓여 준다.
6. 닭이 무르게 익으면 양념으로 국물 간을 맞춘다.

Check Point

인삼을 찹쌀 등과 함께 섞어서 닭 속에 넣고 고면 닭 뼈에 인삼의 영양분이 스며들어 인삼의 영양분이 감소된다.
연계(영계) 뱃속에 찹쌀 · 밤 · 대추 · 마늘을 넣고 푹 끓여 먹는 것이 연계백숙(軟鷄白熟)이고, 연계백숙에 인삼을 더하면 계삼탕이 된다.

Note

국, 탕 및 전골류

추어탕

Story Telling

추어탕은 미꾸라지를 이용해 끓인 보양식으로 미꾸라지를 삶아 뼈까지 갈아서 끓인다. 골다공증에도 효과가 크다. 미꾸라지는 제철인 7월에서 11월까지가 가장 살이 찌고 맛이 좋아 가을철 시식으로 많이 이용한다.

08

재료 및 분량

미꾸라지 600g(파 40g, 마늘 40g, 생강 30g, 물 2.8kg)
삶은 우거지 100g
불린 고사리 100g
숙주 150g
파 200g
청양고추 3개
청고추 1개
홍고추 1개
부추 10g
들깨가루 1/2컵
후춧가루
산초가루

양념
된장 3큰술
고추장 2큰술
다진파 1큰술
다진마늘 1/2큰술

만드는 방법

1. 미꾸라지에 소금을 뿌려서 뚜껑을 덮고 해감을 시킨다.
2. 거품이 일면서 미꾸라지가 죽으면, 다시 소금물에 여러 번 헹구어 준다.
3. 솥에 미꾸라지, 물, 마늘, 생강, 소금을 넣고 푹 삶아준다.
4. 삶은 우거지와 불린 고사리는 길이 4cm 정도로 자르고 숙주는 뿌리를 떼고, 파는 깨끗이 손질하여 길이로 반을 잘라 길이 4cm로 자른다.
5. 삶아 건진 미꾸라지에 고추와 들깨를 넣고 미꾸라지 삶은 국물을 넣은 다음 곱게 갈아준다.
6. 부추는 다듬어 씻어 0.5cm 정도로 썬다.
7. 냄비에 물을 붓고 끓으면, 소금을 넣고 숙주와 파를 각각 데친다.
8. 냄비에 미꾸라지국물을 붓고 양념장을 풀어 넣은 후 끓으면, 삶은 우거지와 고사리를 넣고 중불로 낮추어 끓이다가 숙주와 파를 넣고 끓인다.
9. 8.에 후춧가루, 소금을 넣어 간을 맞추어 그릇에 담고 산초가루와 함께 낸다.

Check Point

우거지는 배추의 겉잎을 말린 것인데 일반적으로 얼갈이배추를 데쳐서 많이 사용한다.
미꾸라지에 물을 붓고 소금을 뿌리고 2~5분 동안 두었다가 깨끗한 물을 2~3번 부으면 진흙을 전부 토해낸다.

Note

국, 탕 및 전골류

게감정

Story Telling

게딱지에 쇠고기 소를 넣고 달걀옷을 입혀 지져낸 뒤, 고추장 푼 국물에 끓인 찌개이다.
감정은 궁중용어로 찌개보다 국물이 적고 되직하며 고추장으로 끓여 낸 것을 말하며, 상추쌈에 올려먹기도 한다.

09

재료 및 분량

꽃게 2마리(500g)
쇠고기 50g
숙주 50g
두부 50g
건표고버섯 2개
밀가루 2큰술
달걀 1개
대파 1/2뿌리
무 50g

고추장 2큰술
된장 1/2큰술

육수
물 4컵
게다리
살 발라낸 몸체
대파 1/2대
마늘 1톨

소양념
소금 1/2작은술
다진파 1작은술
다진마늘 1작은술
참기름 1/2작은술
깨소금 1작은술
후춧가루 1/8작은술

만드는 방법

1. 게를 손질하여 씻어 몸체는 밀대로 밀어 살을 발라내고 게딱지는 깨끗이 씻고 다리는 앞쪽 마디만 남기고 자른다.
2. 1.의 잘라 낸 다리와 살을 발라 내고 난 몸체에 향미채소를 넣고 물을 부어 육수를 끓인 후 국물만 체에 밭친다.
3. 쇠고기와 손질한 표고버섯은 곱게 다지고 숙주는 끓는 물에 데쳐 잘게 썰고 두부는 으깨 게살과 섞어 양념한다.
4. 무를 2×2×0.4cm로 썬다.
5. 1.의 게딱지는 물에 씻어 안쪽에 밀가루를 솔솔 뿌린 후 3.의 소를 가득히 담고 살쪽에 밀가루, 달걀을 씌워 지진다.
6. 2.의 육수에 된장과 고추장을 풀고 4.의 무와 함께 끓이다가 무가 어느 정도 익으면 5.의 게 지진 것을 넣고 익힌다.
7. 6.이 모두 익으면 대파를 넣고 한소끔 끓여 낸다.

Check Point

육수는 양지머리 육수 대신 쌀뜨물을 넣어도 좋고 먹을 때 상추쌈에 올려 먹기도 한다.
게를 지질 때 노른자를 사용해야 색이 예쁘게 나온다.

Note

올갱이묵냉국

Story Telling

묵은 구황식으로 흉년시에 백성의 배고픔을 달래는 음식이었다.
냉국은 여름철에 더위를 식혀 주는 음식으로 옛 문헌에는 '창국' 으로 표기하기도 하였다. 창(暢)은 '화창할 창' 으로 청량감을 주는 시원한 국이라는 뜻으로 추측된다.

10

재료 및 분량

올갱이묵가루 1컵
소금 1/2작은술
참기름 1/2작은술
오이 1/2개
김
참깨 1큰술
국간장 1큰술

맛술 1큰술
설탕 1/2큰술
식초 1/2큰술
멸치육수 $1\frac{1}{2}$컵

멸치육수
다시멸치 20g
다시마 1장
대파 1/2뿌리
양파 100g
정종 2큰술
물 4컵

만드는 방법

1. 멸치육수 재료를 모두 넣고 한소끔 끓으면 다시마는 건지고 10분 동안 더 끓여 국간장과 소금으로 간을 하고 체에 걸러 식힌다.
2. 올갱이묵은 가루와 물을 섞어 바닥에 눌어붙지 않게 쑤어 그릇에 부어 굳힌다.
3. 굳은 묵은 4x2x0.5cm로 채 썰고 김과 오이도 채 썬다.
4. 끓여 놓은 국물에 간장 · 소금 · 설탕 · 식초를 넣어 새콤달콤하게 간을 맞춘 후, 냉장고에 넣어 차게 식힌다.
5. 그릇에 채 썬 올갱이묵을 담고 오이와 김을 얹은 다음, 4의 냉국을 붓고 얼음을 띄우면 시원하게 먹을 수 있다.

Check Point

묵가루는 물에 불려 쑤고, 전분이 호화되어 엉긴 후 30분 정도 저어 주어야 탄력이 있고 쫄깃하다.
가루:물=1:6의 비율로하여 바닥에 눌어붙지 않게 잘 저어 주면서 묵을 쑨다.
멸치는 머리와 내장째 국물을 내면 씁쓸한 맛이 나기 때문에 국물 내기 전에 손질을 한다.

Note

무맑은 장국

Story Telling

맑은장국은 국수나 만둣국 및 국이나 찌개의 기본 국물로 쓰인다.
무맑은장국은 날이 추워지는 가을철부터 제맛이 난다.

11

재료 및 분량

쇠고기 100g	고기양념
무 100g	국간장 1/2작은술
파 1뿌리	다진파 1작은술
마늘 2쪽	다진마늘 1/2작은술
소금 1작은술	참기름 1작은술
국간장 1작은술	후춧가루 1/8작은술
물 3컵	

만드는 방법

1. 고기는 손질하여 2.5×2.5×0.3cm 썰어 양념을 한다.
2. 무는 2.5×2.5×0.3cm로 나박썰기 한다.
3. 1.의 고기를 볶다가 익으면 물을 붓고 끓인 후에 파와 마늘을 넣어 양념한다.
4. 3.에 나박썰기한 무를 넣고 끓이다가 익으면 국의 색을 내고 간을 맞춘다.

Check Point

많은 양의 국을 끓일 때는 무와 고기를 한 번에 넣어 끓이다가 익으면 건져 내어 알맞은 크기로 잘라 담고 간을 맞춘다.

Note

국, 탕 및 전골류

육개장

Story Telling

쇠고기를 삶아서 알맞게 뜯어 갖은 양념을 하여 얼큰하도록 맵게 끓인 국으로, 삼복 시식의 대표음식의 하나이고 육개탕(肉芥湯)이라고도 한다.

12

재료 및 분량

쇠고기(홍두깨살) 200g
파 2뿌리
마늘 3쪽,
생강 1/2톨
불린고사리 50g
불린토란대 30g
숙주 50g
소금
후추

채소양념
청장 18g(1큰술)
고춧가루 14g(2큰술)
다진파 28g(2큰술)
다진마늘 16g(1큰술)
참기름 6.5g(1/2큰술)

고기양념
청장 18g(1큰술)
다진 파 28g(2큰술)
다진 마늘 16g(1큰술)
고추기름 26g(2큰술)
참기름 6.5g(1/2큰술)

만드는 방법

1. 쇠고기는 물에 1시간 정도 담가 핏물을 빼고, 향채는 깨끗이 손질하여 씻는다. 냄비에 쇠고기와 향채, 물을 붓고 센 불에 올려 끓으면 중불로 낮추어 끓이다가, 향채를 먼저 건져내고 더 끓인다. 쇠고기는 건져 내고, 육수는 식혀 면보에 거른다.
2. 불린 고사리와 토란대는 깨끗이 씻어 길이 7cm 정도로 자르고, 숙주는 꼬리를 떼어 낸 후 깨끗이 씻는다.
3. 파는 손질하여 깨끗이 씻어 길이로 2등분하여 길이 7cm 정도로 썬다.
4. 삶은 쇠고기는 길이 6cm 정도로 결대로 찢어 양념장을 넣고 무친다.
5. 냄비에 물을 붓고 끓으면, 소금과 숙주와 파를 데친다.
6. 불린 고사리와 불린 토란대, 숙주, 파를 한데 섞어 양념장을 넣고 양념한다.
7. 냄비에 육수를 붓고 센불에 올려 끓으면 양념한 재료를 모두 넣고 끓으면 중불로 낮추어 끓인다. 맛이 충분히 우러나면, 소금으로 간을 맞춘다.

Check Point

토란대는 아린 맛이 있으므로 쌀뜨물에 삶아 물에 충분히 담가 우려 낸 후에 사용한다.
고추기름은 뜨거운 식용유 3큰술에 고춧가루 1큰술, 마늘 1쪽을 넣고 저은 다음, 체에 걸러 사용한다.

국, 탕 및 전골류

버섯전골

Story Telling

향이 살아 있는 버섯은 항암효과가 있는 대표적인 식품으로, 볶거나 찌개에 많이 사용되는데 특히 전골을 끓였을 때 담백하고 식감이 좋다.

각종 버섯과 쇠고기 및 채소들을 냄비에 색을 맞추어 돌려 담고 끓는 장국을 부어 다시 끓인 음식이다.

13

재료 및 분량

느타리버섯 50g	당근 50g	쇠고기 · 두부양념
팽이버섯 1/2봉	두부 20g	소금 1/6작은술
새송이버섯 50g	쇠고기 150g	다진파 1/4작은술
표고버섯 50g	달걀 1개	다진마늘 1/4작은술
대파 1/2뿌리	밀가루 2큰술	참기름 1/4작은술
마늘 3쪽	간장	깨소금 1/2작은술
죽순 50g	참기름	후춧가루 1/8작은술
다홍고추 1/2개	설탕	설탕 1/8작은술
미나리 20g	깨소금	

만드는 방법

1. 느타리버섯은 길이대로 찢고, 새송이버섯과 표고버섯은 모양을 살려 0.3cm 두께로 썰며 팽이버섯은 밑둥을 잘라 준비한다.
2. 당근과 죽순은 4×3×0.3cm로 썰고, 다홍고추도 반으로 갈라 씨를 빼고 4×0.3cm 길이로 채 썰기하고 미나리도 같은 길이로 썰어 준비한다.
3. 쇠고기 분량의 일부는 10cm 길이로 썰어 양념하고, 곱게 다져 물기를 제거하여 으깬 두부와 섞어 양념하여 지름 1cm의 완자를 빚는다.
4. 소고기 육수를 내어 체에 밭친다.
5. 3.의 완자는 밀가루와 달걀옷을 입힌 후 열이 오른 팬에 굴리면서 익힌다.
6. 전골냄비에 버섯을 색색이 돌려 담고 가운데에 완자와 양념한 고기를 넣은 후 육수를 부어 끓인다.

Check Point

전골을 오래 끓이면 버섯의 향이 없어진다.
멸치육수를 내어 들깨가루와 쌀가루를 풀어 전골의 육수로 사용하기도 한다.

Note

매생이 옹심이

Story Telling

매생이 : 식물성 단백질 식품으로 무기질과 미네랄, 비타민이 풍부하고 혈당을 낮추며 원기 회복과 간기능 회복에 도움을 주며 숙취에 좋은 음식이다.

14

재료 및 분량

매생이 150g
찹쌀가루 1컵
참기름 1큰술
양지 100g
국간장 1큰술
천일염 1작은술

만드는 방법

1. 매생이는 소금물에 여러 번 씻어 둔다.
2. 찹쌀은 익반죽하고 2cm 크기로 빚어 준비한다.
3. 양지는 썰어 참기름에 볶은 후 물을 넣어 익힌다.
4. 양지고기가 부드럽게 익으면 매생이와 찹쌀 옹심이를 넣어 끓인다.
5. 국간장과 천일염을 넣어 간을 한다.

Check Point

양을 많이 할 때는 옹심이를 미리 만들어 삶아 먹기 전에 넣어도 좋다.

Note

버섯 들깨탕

Story Telling

버섯 : (표고) 중국 문헌에도 약으로 활용되었으며 단백질 · 무기질 · 비타민 D 등 다양한 영양과 감칠맛을 내는 성분으로 구아닐산이 풍부하여 천연 조미료 역할을 하고 식감이 좋아 육류대용으로 요리에 활용된다. (새송이) 개발종 버섯으로 각종 비타민, 무기질, 섬유질이 풍부하고 요리에 다용도로 활용이 가능하다. (팽이) 100g당 30kcal 다이어트 식품으로 적당하며 비타민 B가 풍부하고 지방분해 효과를 낸다. (백만송이) 콜레스테롤 수치를 낮춰 주고 미네랄 · 비타민 · 성장촉진 · 골다공증예방에 도움을 주며 노화방지에도 효력이 있다.

15

재료 및 분량

버섯(생표고, 새송이,팽이, 백만송이) 각 30g
거피들깨 1/2컵
속배추 100g
쪽파 20g
마늘 5알
들기름 2큰술
천일염 1작은술
국간장 1큰술
국멸치 30g
다시마 10g
무 100g

만드는 방법

1. 멸치, 다시마, 무를 넣어 육수를 끓인다.
2. 버섯은 각각 썰어 준비한다.
3. 배추와 무는 썰어 준비한다.
4. 팬에 들기름을 두르고 무와 배추를 볶은 후 1.의 육수를 넣어 끓인다.
5. 버섯을 넣고 들깨가루를 넣어 끓인다.
6. 쪽파를 썰어 넣고 국간장 소금을 넣어 간을 한다.

Check Point

무와 배추는 충분히 익은 후 버섯과 들깨가루를 넣어 준다.

Note

국, 탕 및 전골류

돈개장

Story Telling

돼지고기 앞다리살 : 지방이 적고 육질이 섬세하며 단백질, 철분, 지용성 비타민이 풍부하고 직감이 좋다. 하지만 고혈압이나 비만인 사람은 과하게 섭취하지 않도록 하는 것이 좋다.

고사리 : 생것은 독성이 있으나 삶아 말리는 과정을 통해 독성은 빠지고 살균작용, 해열 구충작용, 뼈강화에 도움을 준다. 섬유질이 풍부하고 맛이 독특하여 나물이나 탕류, 특히 비빔밥에 맛을 내주는 역할을 한다.

16

재료 및 분량

앞다리살 200g
고사리 50g
숙주 40g
고추 2개
양파 1/2개
쪽파 20g
사골육수 5컵

양념장
고추장 1큰술
고춧가루 1큰술
국간장 1큰술
된장 1작은술
양파청 1작은술
다진마늘 1큰술
다진파 1큰술
다진 생강 1작은술
정종 1큰술
후추 소량

만드는 방법

1. 앞다리살을 0.5cm 두께로 썰어 양념장 1/3에 버무려 준다.
2. 고사리와 숙주는 끓는 물에 살짝 삶아 둔다.
3. 냄비에 기름을 살짝 두르고 1의 양념한 고기를 볶은 후 육수를 넣어 끓인다.
4. 고기가 무르게 익으면 고사리, 숙주, 양념장을 넣어 끓인다.
5. 쪽파와 고추를 넣고 간을 한다.

Check Point

고사리는 충분히 불린 것을 사용한다.

Note

황기 대구탕

Story Telling

대구 : 겨울철 맛있는 생선으로 담백하고 시원한 맛이 일품이며 해장음식으로 적합하고 단백질, 칼슘, 인, 철, 나트륨, 칼슘 성분이 들어 있으며 간기능 회복에 도움이 되는 음식이다.

황기 : 동의보감에 허약한 체질에 인삼을 대용해 사용하였고 근육과 폐를 튼튼히 한다고 나와 있으며, 성질이 따뜻하여 위를 보호하고 심신을 안정시키며 몸의 수분조절 기능을 돕는다.

17

재료 및 분량

대구 1마리
미나리 50g
무 200g
청양고추 3개
대파 1대
다시마 20g
황기 3뿌리

국멸치 30g
레몬 1/4개
마늘 6알
생강 20g
정종 2큰술
천일염 1작은술

양념장
간장 1큰술
발효청 1작은술
식초 1작은술
다시물 1/2큰술
와사비 1작은술

만드는 방법

1. 다시마 · 멸치 · 무 · 황기를 넣어 국물을 우려 낸다.
2. 대구는 비늘을 제거하고 토막 친다.
3. 육수에 무를 얇게 썰어 먼저 끓이고 대구 토막과 다진마늘 및 정종을 넣어 끓인다.
4. 소금으로 간을 하고 청양고추 · 미나리 · 대파 · 레몬을 넣어 맛을 낸다.
5. 양념장을 곁들여 생선살과 채소를 먹는다.

Check Point

황기와 다시육수를 충분히 끓여 육수에 진한 맛을 낸다.
대구는 신선한 생물로 준비해야 한다.

Note

국, 탕 및 전골류

약재오골계탕

Story Telling

오골계 : 간장과 신장에 좋고 신경통과 타박상, 그리고 몸속의 적혈구를 증가시켜 피를 맑게 하는데 도움을 준다고 한다.

검은깨 : 검은깨는 비타민 B_1과 B_2, 티아민 E · 칼슘 · 셀레늄 · 단백질이 풍부해 신체 노화방지, 뇌기능 활성화 및 피부미용에 효과가 좋고 콜레스테롤 저하와 탈모예방에도 도움을 준다.

18

재료 및 분량

오골계 1마리
구기자 10g
인삼 1개
황기 2뿌리
대추 3개
마늘 30g
찹쌀 1컵
검은깨 50g
소금

만드는 방법

1. 오골계는 깨끗하게 씻어 인삼 · 황기 · 대추 · 마늘을 넣어 1시간 정도 삶아 준다.
2. 찹쌀은 2시간 정도 불린 후 검은깨와 믹서기에 넣어 갈아 준다.
3. 오골계의 육수를 덜어 기름을 제거하고 간 찹쌀과 검은깨를 넣어 죽을 끓인다.
4. 오골계와 인삼, 대추를 그릇에 담고 검은깨죽을 오골계 위에 올린다.

Check Point

오골계살은 닭살보다 질겨 익은 정도를 잘 확인해야 한다.

Note

보양보기탕

Story Telling

백복령 : 소나무의 신령스런 기운이라 하여 몸에 지니고 다니기도 하였으며, 강장 · 이뇨 · 진정작용 · 신장 · 방광 · 요로염 등 염증치료에도 활용이 되었다. 소변을 원활하게 하며 혈당 강화와 면역력 증강에도 효력이 있다.

연자 : 〈명의별록〉에 열과 갈증을 다스려 피를 맑게 하고 기력을 회복시켜 살을 찌게 한다고 기록되어 있다. 정신을 안정시키며, 귀와 눈을 맑게 한다고 알려져 있다.

19

재료 및 분량

돼지갈비 400g
감자 2개
연자육 40g
백복령 20g
황기 2뿌리
양파 1/2개
대파 2대
생강 20g
정종 2큰술

양념장
고춧가루 2큰술
국간장 1큰술
고추장 1큰술
정종 1큰술
다진마늘 1큰술
다진파 1큰술
다진생강 1작은술
후추 소량

고추기름
고춧가루 4큰술
식용유 1/2컵
참기름 1큰술

만드는 방법

1. 갈비는 찬물에 담가 핏물을 빼고 칼집을 넣어 생강 · 정종 · 대파 · 뿌리 · 황기를 넣어 끓인다.
2. 고추기름을 만든다.
3. 양념장을 만든다
4. 감자 · 대파 · 양파는 썰어 준비한다.
5. 삶은 갈비에 양념장과 고추기름을 넣고 냄비에서 볶은 후 갈비 삶은 물을 넣어 끓인다.
6. 백복령과 연자를 넣고 감자, 양파를 넣어 끓인다.
7. 양념을 더 넣고 대파와 고추기름을 넣어 탕을 완성한다.

Check Point

돼지갈비는 한번 데친 후 삶아야 기름기를 제거할 수 있다.
고추기름은 다른 볶음요리에 활용해도 좋다.

Note

국, 탕 및 전골류

약쑥 삼계탕

Story Telling

약쑥 : 여성질환에 좋은 약쑥은 산후통, 생리통, 수족냉증에 도움을 주고 자궁강화에 효력이 있으며 소화작용을 원활하게 하여 변비치료에도 좋다.

오가피 : 〈본초강목〉에 인삼처럼 사용되며 생체기관의 전체적인 기능을 강화하는 효능이 있고, 나무뿌리 · 줄기 · 열매까지 다양하게 약재로 활용된다.

20

재료 및 분량

닭(삼계탕용) 1마리	대추 2개
약쑥 20g	통마늘 6개
오가피 20g	불린찹쌀 1/2컵
인삼 1개	닭뼈(닭발) 100g
황기 2뿌리	볶은소금 1작은술

만드는 방법

1. 닭뼈(닭발)를 끓는 물에 데친 후 물을 넣고 마늘 · 파뿌리 · 황기를 넣어 육수를 끓인다.
2. 닭 속에 불린 찹쌀 · 대추 · 인삼 · 마늘을 넣어 속을 채운다.
3. 닭에 충분히 끓인 육수와 약쑥 · 오가피 열매를 넣어 삼계탕을 끓인다.
4. 소금으로 간을 한다.

Check Point

육수를 따로 끓여야 진하게 사용할 수 있다.
약쑥은 말린 것을 사용한다.

Note

국, 탕 및 전골류

검은콩 비지탕

Story Telling

검은콩 : 콩은 밭에서 나는 쇠고기라 불릴 정도로 그 영양가가 높다. 약효작용이 뛰어나 한방에서는 약재로 사용하고 신진대사가 원활하지 않아 몸에 여분의 수분이나 지방이 쌓이게 되는데, 검은콩을 먹으면 신장의 작용이 활발해짐으로써 수분과 지방이 축적되지 않는 몸으로 체질이 개선되는 효과가 있다. 또한 검은콩은 당뇨병이나 귀울림, 백발증상 및 탈모에도 도움을 준다.

21

재료 및 분량

돼지갈비살 200g
검은콩 1컵
배추 60g
국간장 1큰술
소금 1작은술

양념장
간장 1큰술
양파청 1작은술
다진마늘 1작은술
고춧가루 1작은술
참기름 1작은술
깨소금 1작은술

만드는 방법

1. 검은콩은 충분히 불린 후 2배 정도 물을 넣어 갈아 준다.
2. 배추는 끓는 물에 살짝 데친 후 잘라 준비한다.
3. 갈비살은 찬물에 담갔다가 썰어 물을 넣고 끓인다.
4. 배추 간 콩을 넣어 끓이고 국간장과 소금으로 간을 한다.
5. 양념장을 만들어 곁들인다.

Check Point

콩비지찌개는 오래 끓이지 않도록 하고 중간에 눌지 않도록 저어 주며 끓인다.

Note

당귀궁중닭찜탕

Story Telling

당귀 : 한약재로 널리 쓰이는 약재로 열을 처방할 때 아홉은 당귀라 할 정도로 기혈순환과 어혈을 풀어주는 데 주로 사용되었고 부인병과 산후조리 등 자궁을 튼튼히 한다 하여 고대부터 여성에게 좋은 약초로 알려져 왔다. 동의보감에 나쁜 피를 없애고 몸안의 장부를 보한다 하며 빈혈과 뇌기능 활성에도 도움을 준다고 한다.

메밀 : 찬 성질을 가지고 있어 몸안의 열을 내리고 부기를 제거하는 데 도움을 준다. 아미노산 · 티아민 · 무기질 성분은 피부미용에 좋고 다이어트에 효과적이다. 또한 고혈압을 조절하며 성인병 예방에도 좋고 활성산소를 제거한다.

22

재료 및 분량

닭(토종닭) 1마리
당귀 30g
감초 2개
생강 30g
마늘 30g
대파 2대
미나리 50g
표고버섯 5장

숙주 100g
느타리버섯 100g
홍고추 3개
인삼 2개
메밀가루 150g
달걀 2개

양념
국간장 2큰술
다진마늘 1큰술
다진파 1큰술
깨소금 1작은술
참기름 1작은술
후추 소량

만드는 방법

1. 닭은 씻어 생강과 대파를 넣고 30분 정도 삶는다.
2. 닭은 살을 분리해 찢어 준비한다.
3. 닭뼈와 국물은 기름을 제거하고 거른 뒤 당귀와 감초를 넣어 1시간가량 육수를 만든다.
4. 닭살은 양념에 버무려 둔다.
5. 느타리버섯과 숙주는 끓는 물에 살짝 데친다.
6. 표고 · 버섯 · 인삼 · 미나리 · 홍고추는 채를 썰어 준다.
7. 물 2컵에 달걀 2개를 풀고 메밀가루와 소금 소량을 넣어 풀어 준다.
8. 닭살과 모든 재료는 마른 메밀가루에 살짝 버무린다.
9. 메밀풀에 8의 재료를 넣어 버무린다.
10. 육수에 국간장으로 간을 하고 9의 재료를 조금씩 넣어 끓인다.

Check Point

육수를 진하게 끓여야 맛이 좋다.

Note

전, 적 및 구이류

모둠전

Story Telling

전은 전유어(煎油魚) 또는 저냐라고도 한다. 육류 · 어패류 · 채소류 등 각종 재료가 넓게 쓰이며, 반상 또는 잔치 · 주안상에 두루 잘 어울리는 음식이다.

01

재료 및 분량

애호박 1/2개
깻잎 5장
중하새우 3마리
건표고버섯 3개
동태살 100g,
쇠고기 70g

두부 30g
밀가루 10큰술
달걀 2개
소금
식용유

초간장
간장 1큰술
식초 1/2큰술
설탕 1/4작은술
잣가루 1/4작은술

만드는 방법

1. 호박은 작은 것으로 선택하여 0.5cm 두께로 둥글게 썰어 소금을 살짝 뿌려 물기를 제거한다.
2. 새우는 머리를 떼어 내고 씻어 등쪽을 갈라 내장을 꺼내며 배쪽은 오그라들지 않도록 잔 칼집을 준 후에 소금, 후추를 뿌린다.
3. 생선살은 5×4×0.5cm 크기로 포를 떠서 소금, 후춧가루를 뿌려 밑간을 한다.
4. 마른 표고버섯은 작고 얇은 것으로 골라 따뜻한 물에 불려 기둥을 뗀 후 물기를 짜고 소금, 참기름 양념을 한다. 깻잎은 크기가 일정한 것으로 준비하여 깨끗이 씻어 물기를 제거한다.
5. 쇠고기는 곱게 다지고, 두부도 물기를 짜서 곱게 으깬 후 섞어서 갖은 양념한다.
6. 표고 안쪽과 깻잎에 밀가루를 뿌리고 5의 속양념을 편편하게 채운다.
7. 달걀은 풀어 놓는다.
8. 준비해 둔 재료에 밀가루를 묻혀 털어 내고 달걀 푼 것에 담갔다가 번철에 기름을 두르고 노릇노릇 하게 지져낸다.
9. 접시에 보기 좋게 놓고 초장을 곁들어 놓는다.

Check Point

전감의 두께를 얇고 고르게 저미고 크기와 모양을 일정하게 하여 붙인다.
재류에 밀가루를 묻힌 후 남아 있는 밀가루를 떨어내야 면이 매끄러운 전이 나온다.

Note

전, 적 및 구이류

사슬적

Story Telling

구이의 방법으로 꼬챙이에 꿰어 직화로 굽는 적과, 철판이나 돌 위에 간접적으로 굽는 번으로 나눌 수 있다.

02

재료 및 분량

민어살 200g
쇠고기 80g
두부 30g
밀가루 1큰술
잣 1작은술
대꼬치 4개
식용유

쇠고기 · 두부 양념
소금 1/3작은술
설탕 1/4작은술
다진파 1작은술
다진마늘 1/2작은술
참기름 1/2작은술
깨소금 1작은술
후춧가루 1/8작은술

생선양념
소금 1/4작은술
다진마늘 1/2작은술
다진생강 1/4작은술
참기름 1/2작은술
후춧가루 1/8작은술

초간장
간장 2큰술
식초 1큰술
설탕 1작은술

만드는 방법

1. 쇠고기는 곱게 다져서 핏물을 빼놓고, 두부는 물기를 빼고 다져서 쇠고기와 함께 섞어 갖은 양념한다.
2. 민어살은 가시를 발라내고 7×1×0.7cm 크기로 썰어 소금, 후추로 밑간을 한 다음, 물기를 빼서 나머지 양념을 한다.
3. 잣은 고깔을 떼고 곱게 다진다.
4. 생선을 꼬치에 끼우고 고기와 맞닿은 쪽에 밀가루를 묻힌 다음, 사이사이에 1의 양념한 고기를 모양을 만들어 눌러 붙인다.
5. 열이 오른 팬에 기름을 두르고 4를 지져 내어 접시에 담고 잣가루를 뿌린다.
6. 초간장을 곁들인다.

Check Point

흰살 생선을 막대 모양으로 썰어 끼우고 그 사이에 다진 쇠고기를 끼워 넣거나 촘촘히 끼운 생선 뒷면에 다진 쇠고기를 붙여 지지기도 한다. 생선은 주로 도미, 대구, 민어 등의 흰살생선을 사용한다.

Note

전, 적 및 구이류

너비아니

Story Telling

우리나라 전통적인 고기구이는 맥적(貊炙)으로, 맥은 고구려를 가리키는 말이다. 즉, 맥적은 고구려 사람들의 고기 구이를 말하며, 오늘날의 너비아니로 이어지고 있다.

너비아니는 고기구이 가운데 대표음식으로 너붓너붓 썰었다고 하여 너비아니라고 한다.

03

재료 및 분량

안심 200g
양파 100g
적채 50g
깻잎 5장
잣
참깨 1작은술
참기름 1작은술

고기 양념(100g 기준)
간장 1큰술
설탕 1/2큰술
다진파 2작은술
다진마늘 1작은술
깨소금 1작은술
후추 약간
참기름 1작은술

만드는 방법

1. 쇠고기는 기름기와 힘줄을 떼어낸 다음, 쇠고기를 결 반대방향으로 가로 세로 5~6cm, 두께 0.4cm 정도의 크기로 썰어서 잔칼질을 한다.
2. 양파와 적채는 얇게 채 썰어 물에 담가 놓는다.
3. 쇠고기에 양념이 충분히 배도록 골고루 주물러 30분 정도 재워 둔다.
4. 석쇠에 식용유를 바르고 달군 다음, 고기를 얹어 타지 않게 구워 양파와 적채, 깻잎과 함께 접시에 담고 잣가루로 마무리한다.

Check Point

구이 중 가장 대표적인 음식으로, 석쇠에서 구울 때 처음에는 센불에서 표면을 익히고 불을 낮추어 굽는다.
너비아니구이를 할 때는 쇠고기를 결 반대방향으로 썰어야 연하다.

Note

전, 적 및 구이류

떡갈비구이

Story Telling

갈비살을 곱게 다져서 양념하여 치댄 후 갈비뼈에 도톰하게 붙여 양념장을 발라가며 구워 먹는 구이요리로, 만드는 방법이 인절미 치듯이 쳐서 만들었다고 하여 떡갈비라 한다.

04

재료 및 분량

갈비 400g
밀가루 1/3컵

갈비살 양념
소금 1/4작은술
찹쌀가루 2큰술
다진파 1/2작은술
다진마늘 1/4작은술
생강즙 1/8작은술
참기름 1/2작은술
깨소금 1작은술
후춧가루 1/8작은술

구이 양념장
간장 2큰술
설탕 1큰술
배즙 2큰술
양파즙 1큰술
마늘 1쪽
통후추 1/8작은술
청주 1큰술
물 1큰술
참기름 1/2작은술

만드는 방법

1. 5cm 정도의 갈비는 살과 뼈를 나누어 놓는다.
2. 1의 갈비살은 기름기를 떼어내고 곱게 다져 놓는다.
3. 2에 갈비살 양념을 넣고 끈기가 생기도록 오래 치댄다.
4. 갈비뼈는 끓는 물에 데쳐 내어 물기를 뺀 후, 밀가루를 묻히고 3의 고기반죽을 붙여서 모양을 만든다.
5. 냄비에 양파와 배, 간장, 파, 마늘, 설탕, 청주, 통후추, 물을 넣고 중간불에 끓여서 조린 다음 체에 걸러서 참기름을 넣어 양념장을 만든다.
6. 달군 석쇠에 기름칠을 하여 떡갈비를 올리고 표면이 어느 정도 익으면 양념장을 발라가면서 속까지 완전히 익힌다.

Check Point

떡갈비를 맛있게 먹으려면 너무 달거나 짜지 않게 하고 구워서 바로 먹어야 한다. 석쇠에 구워서 기름이 다 빠진 상태라 식으면 뻣뻣해지고 맛이 떨어진다.
양념한 고기를 하루쯤 냉장고에 두었다가 구우면 더 연하고 감칠맛이 난다.

Note

전, 적 및 구이류

대합구이

Story Telling

대합구이는 다진 대합살과 쇠고기 및 채소류를 섞어 만든 소를 대합 껍질에 채워서 구운 음식으로, 주안상이나 손님상에 올리는 전통음식이다. 두 껍질이 꼭 물려 부부 화합의 상징으로 대변되어 혼례음식으로 사용된다.

05

재료 및 분량

대합 4개
조갯살 100g
쇠고기 30g
두부 30g
건표고버섯 2개
양파 50g
달걀 1개

밀가루 2큰술
청고추 1/3개
홍고추 1/3개
쑥갓 1잎
식용유 1큰술

소양념
소금 1작은술
설탕 1/3작은술
다진파 2작은술
다진마늘 1작은술
청주 1작은술
깨소금 1작은술
참기름 1/2작은술
후춧가루 1/8작은술

초간장
간장 2큰술
식초 1큰술
설탕 1/2작은술

만드는 방법

1. 대합은 소금물에 담가 해감을 한 후, 끓는 물에 살짝 데쳐 살을 발라 내고 껍질은 씻어 놓는다.
2. 1.의 대합살과 조갯살은 곱게 다져서 살짝 볶아 수분을 제거한다.
3. 쇠고기와 두부는 물기를 뺀 후 으깨고, 표고버섯과 양파는 곱게 다져서 볶아 소고기, 두부, 대합살과 함께 섞어 양념하여 버무린다.
4. 1.의 대합 껍질에 기름을 묻혀 밀가루를 뿌리고, 3의 소를 편편하게 채워 살 부분에 밀가루를 묻힌 후에 고명으로 쑥갓잎과 고추를 보기 좋게 붙여서 달걀을 씌워 지진다.
5. 4.를 석쇠에 올려 속이 익도록 굽는다.

Check Point

조갯살은 익혀서 물기를 없앤 후 껍질에 채워 넣어야 구우면서 물이 흐르거나 오그라들지 않는다. 대합을 통째로 구울 때에는 조갯살(패주)이 붙은 쪽을 불에 대고 구워야 조개의 국물이 바깥으로 빠지지 않는다.

Note

전, 적 및 구이류

갈비구이

Story Telling

예전에는 갈비를 '가리' 라 불렀기 때문에 '가리구이' '가릿국' '가리찜' 이라고도 불렸던 음식으로, 잘 피운 참숯불에 석쇠를 달구어서 구운 것이 맛있다. 재료는 연한 어린 암소갈비가 적당하다.

06

재료 및 분량

쇠갈비 1kg
잣 1큰술

양념
간장 7큰술
배즙 5큰술
설탕 4큰술
다진파 3큰술
양파즙 5큰술
다진마늘 1½큰술
깨소금 1½큰술
후춧가루 1/4작은술
꿀 1큰술
참기름 2큰술

만드는 방법

1. 갈비는 되도록 연한 암소를 사용하며 6cm 길이로 토막을 내어 기름 덩어리와 질긴 껍질을 떼어 낸다. 살을 0.5cm 두께로 얇게 저며 잔칼집을 넣는다.
2. 파, 마늘을 다지고 배와 양파는 갈아 다른 양념과 모두 합하여 양념장을 만든다.
3. 손질한 고기를 양념장으로 주물러 재운다.
4. 석쇠에 양면을 고루 익힌다.
5. 잣가루를 뿌려 낸다.

Check Point

숯불구이는 빠른 열전달로 표면을 쉽게 응고시켜 막을 형성하므로 영양과 맛 성분을 증가시킨다.
불이 너무 약하면 육즙이 빠져나와 맛이 떨어지므로 중불 이상에서 굽는다.

Note

전, 적 및 구이류

닭구이

Story Telling

조선시대 궁중음식으로 닭고기를 저며 소금을 뿌리고 양념을 하여 구운 것으로, 계구(鷄灸) 또는 닭적이라고도 한다.

07

재료 및 분량

닭 600g
청주 1큰술
생강즙 1큰술
상추 50g
청고추 1개
홍고추 1개
식용유 1/2큰술

양념
간장 1큰술
설탕 1/2큰술
물엿 1작은술
다진파 1큰술
다진마늘 1/2큰술
깨소금 1작은술
후춧가루 1/2작은술
참기름 1½큰술

쌈장
된장 1큰술
고추장 1/2큰술
설탕 1작은술
다진파 1/2큰술
다진마늘 1/2큰술
통깨 1작은술
참기름 1/2큰술

만드는 방법

1. 닭은 내장과 기름기를 떼어내고 깨끗이 씻어, 살만 발라 잔칼질을 한다.
2. 상추는 깨끗이 씻고, 청 · 홍고추는 깨끗이 씻어서 어슷 썬다.
3. 양념장과 쌈장을 만든다.
4. 닭고기살에 청주와 생강즙을 넣고 30분 정도 재운다.
5. 재워 놓은 닭고기살에 양념장을 넣고 재운다.
6 석쇠를 달구어 식용유를 바르고 닭고기살을 얹은 다음, 중불에서 앞뒤로 양념장을 덧바르며 굽는다.
7. 그릇에 담고 상추와 청 · 홍고추, 쌈장을 함께 낸다.

Check Point

간장양념 대신 고추장양념에 재워 굽기도 한다.

Note

전, 적 및 구이류

더덕구이

Story Telling

가을에 먹으면 더 맛있는 더덕구이는 채소류 구이의 대표적인 음식으로, 향긋한 햇더덕을 얇게 저며 두들긴 뒤, 찬물에 우려내 양념장을 발라 석쇠에 구워 먹는 별미음식이다.

08

재료 및 분량

더덕 200g
물 2컵
소금 1큰술
식용유 1큰술

유장
간장 2작은술
참기름 1$\frac{1}{2}$큰술

양념장
고추장 2큰술
설탕 1큰술
다진파 2작은술
다진마늘 1작은술
깨소금 1/2큰술
참기름 1큰술
간장 1작은술

만드는 방법

1. 더덕은 껍질을 벗기고 깨끗이 씻은 후 길이로 잘라 편다.
2. 더덕은 소금물에 담가 쓴맛을 빼고, 물기를 닦은 후 방망이로 두드린다.
3. 더덕을 유장에 재워 둔다.
4. 석쇠를 달구어 식용유를 바르고 더덕을 얹어 중불에서 앞 · 뒷면을 고루 굽는다.
5. 양념장을 덧발라 가며 약불에서 굽는다.

Check Point

소금물에 담가 쓴맛을 빼고 부드럽게 하여 유장으로 애벌구이하고 고추장양념을 덧발라 약한불에서 서서히 굽는 것이 조직감을 부드럽게 하며 양념이 타지 않는다.

Note

빈대떡

Story Telling

'빈대떡' 은 녹두를 맷돌에 갈아 번철(燔鐵)에 지진 떡으로, 지역에 따라 녹두떡 · 문주 · 부침개 · 지짐 등으로 부르기도 한다.
녹두는 열을 내리게 하며 부은 것을 가라앉히고 기를 내리며 갈증을 멎게 하는 데 도움을 준다. 녹두는 찬 성질을 가지고 있으므로 해열과 고혈압, 숙취에는 좋지만 혈압이 낮거나 냉증이 있는 사람은 피하는 것이 좋다.

09

재료 및 분량

거피녹두 300g
불린 멥쌀 60g
소금 15g
대파 100g
돼지고기(목살) 70g
숙주 50g
고사리 80g
배추김치 100g
홍고추 1개
청고추 1개

돼지고기 양념
간장 1/2큰술
다진마늘 1/2큰술
다진파 1큰술
생강즙 1작은술
참기름 1작은술
깨소금 1작은술
후추

숙주 · 고사리 양념
소금 2작은술
다진마늘 1/2작은술, 다진파 1작은술
참기름 1작은술

만드는 방법

1. 녹두는 하룻밤 물에 불린 후, 두 손으로 비벼 가며 껍질을 벗긴다.(녹두는 충분히 불려야 껍질이 잘 벗겨진다-300g 불릴 경우 4컵)
2. 믹서기에 불린 녹두와 불린 쌀, 물을 넣고 갈아 준다. 이때 소금도 약간 넣는다.
3. 다진 돼지목살은 양념하여 재워 둔다.
4. 배추김치는 속을 털어낸 후, 송송 썰어 물기를 꽉 짠다.
5. 숙주는 데친 후 송송 썰고, 고사리도 잘게 썰어 물기를 제거한 후 양념한다.
6. 대파는 흰 부분만 심지를 제거하고 길게 채 썰고 청 · 홍고추는 어슷 썰어 둔다.
7. 녹두 간 것에 부재료를 넣어 섞어 준다.
8. 팬을 달군 후 기름을 두르고 한 국자씩 떠 놓고 노릇하게 지진다.

Check Point

녹두 간 것에 재료를 넣어 오래 두면 녹두가 삭아서 끈기가 없어지고 맛이 떨어지므로 부치기 직전에 섞는 것이 좋다. 먹을 때는 고춧가루 · 파 · 마늘 · 깨소금 등을 넣은 양념장에 찍어서 먹는다.

Note

전, 적 및 구이류

꽈리고추산적

Story Telling

일반 고추와는 달리 표면이 쭈글쭈글한 고추로, 풋고추의 상태로 조림이나 볶음 등의 요리에 이용되며 여름철 많이 먹는 음식이다.

10

재료 및 분량

꽈리고추 60g
쇠고기 120g
잣가루 1작은술
꼬치 6개
식용유

고기양념
간장 1큰술
설탕 1/2큰술
다진파 1작은술
다진마늘 1/2작은술
깨소금 1작은술
참기름 1/2작은술
후춧가루 1/8작은술

만드는 방법

1. 꽈리고추는 꼭지를 따고 끓는 물에 데쳐낸다.
2. 고기는 0.5cm 정도의 두께로 포를 떠서 잔칼질하여 7×1×0.5cm 정도로 썰어 놓는다.
3. 준비된 재료로 양념장을 만들어 고기에 버무린다.
4. 꽈리고추, 쇠고기를 번갈아 꼬치에 꿰어 고추가 타지 않도록 팬에서 지져낸다.
5. 접시에 가지런히 담고 잣가루를 뿌린다.

Check Point

지지기 전에 고추를 꼬치로 찔러 조리하면 속까지 간이 배고 좋다.
고추의 색이 파랗게 나오도록 지진다.

Note

전, 적 및 구이류

불고기

Story Telling

쇠고기 등을 얇게 저며서 양념에 재웠다가 불에 구워 먹는 음식으로, 우리나라 사람이 가장 좋아하는 음식 중 하나이며 외국에도 가장 많이 알려진 한국음식이다.

11

재료 및 분량

쇠고기(불고기감) 300g
양파 1/2개
새송이버섯 50g
팽이버섯 40g

양념장
간장 3큰술
설탕 1큰술
배즙 50g
양파즙 30g
꿀 1/2큰술
다진파 1큰술
다진마늘 1/2큰술
깨소금 1/2큰술
후춧가루 1/5작은술
참기름 1큰술
청주 1큰술

만드는 방법

1. 쇠고기는 불고기감을 준비해 키친타월로 살짝 눌러 핏물을 빼준다.
2. 양파는 손질하여 깨끗이 씻은 후, 채 썬다.
3. 양념장 재료를 모두 혼합하여 양념장을 만들어 둔다.
4. 쇠고기에 양념장을 넣고 간이 배도록 주무르고 나서 재워 놓는다.
5. 고기에 양념간이 배면, 채 썬 양파와 함께 넣고 고기를 볶다가 마지막에 새송이버섯과 팽이버섯을 넣고 볶아 준다.

Check Point

불고기감의 고기는 얇아서 양념을 넣고 버무리면 부분부분 간이 달라질 수 있으니 양념장을 따로 만들어서 넣고 버무린다.
양파즙과 배즙을 넣어 고기를 재우면 잡냄새도 잡아 주고, 고기의 육질을 부드럽게 만들어 준다.

Note

전, 적 및 구이류

배추전, 무전

Story Telling

배추 : 다이어트와 변비를 예방해주는 효능이 있는데, 배추에는 식이섬유가 풍부해서 포만감을 주고 비타민 · 엽산 · 칼슘이 많다.

무 : 민간요법에서 생즙을 내서 소화불량이나 코피가 날 때 및 기침과 인후통에 사용되었으며 섬유질과 무기질, 비타민이 풍부하여 당뇨, 고혈압 등 성인병 예방에도 도움을 준다. 또한 다양한 조리로 활용할 수 있는 식품으로 중국이나 일본에서도 약선요리로 활용되고 있다.

12

재료 및 분량

배추 1/4통
무 1/4개
메밀가루 150g
달걀 1개
천일염 20g
들기름

양념장
간장 1큰술
양파청 1작은술
참기름 1작은술
깨소금 1작은술
고춧가루 1작은술
다진쪽파 1작은술

만드는 방법

1. 배추는 속을 준비하고 무는 0.5㎝ 두께로 썰어 소금물에 절인다.
2. 메밀가루 100g에 달걀 1개와 물을 동량으로 넣어 충분히 풀어 준다.
3. 절인 배추와 무는 물기를 제거하고 마른 메밀가루로 무친다.
4. 반죽한 메밀에 담갔다가 팬에 들기름을 두르고 전을 부친다.
5. 양념장을 곁들인다.

Check Point

묵은 김치는 짠기를 빼고 전을 해도 맛이 좋다.

Note

전, 적 및 구이류

청국장고수장떡

Story Telling

청국장 : 고혈압 · 고지혈증 · 당뇨 · 비만 · 변비 · 골다공증 · 피부노화를 예방할 수 있는 좋은 식품으로 된장을 대용할 수 있고 꾸준하게 먹는 것이 건강에 좋다.

고수 : 비타민과 무기질이 많고 소화를 촉진하고 식욕을 회복하며 감염병과 발열에 쓰였다고 한다. 특히 여름철 더위를 먹은 후 기운을 회복하는데 도움을 준다.

13

재료 및 분량

우리밀 150g
청국장 30g
고수 10g
고추장 1큰술
달걀 1개
식용유

다시물(600mL)
다시마 5g
멸치 10g

만드는 방법

1. 청국장은 수저로 으깬 후 우리밀 · 달걀 · 고추장 · 다시물을 넣어 반죽한다.
2. 고수는 썰어 반죽에 넣어 섞는다.
3. 기름을 두르고 한 수저씩 전을 부친다.

Check Point

고추장 대신 된장을 넣어도 좋다.

Note

선, 찜 및 조림류

두부선

Story Telling

두부를 곱게 으깨어 고기와 채소를 섞어서 고르게 펴고 고명을 얹어 쪄낸 음식으로, 보통 두부를 기름에 부치면 칼로리가 높아지는데, 다진 두부에 담백한 닭살을 섞어 찐 음식으로 매우 부드럽고 담백한 전통음식이다.

01

재료 및 분량

두부 100g
닭고기 40g
건표고버섯 1개,
석이버섯 2장
대추 2개
달걀 1개
실백 3g

양념장
소금 1/2작은술
다진파 2작은술
다진마늘 1작은술
참기름 1/2작은술
깨소금 1작은술
후춧가루 1/8작은술

초간장
간장 1큰술
식초 1큰술
설탕 1/2작은술

만드는 방법

1. 두부는 거즈에 물기를 짜서 으깨고, 닭고기는 곱게 다진다.
2. 건표고버섯은 따뜻한 물에 불려 기둥을 따내고 포를 떠서 곱게 다진다.
3. 석이버섯은 따뜻한 물에 불려 뒷면의 이끼와 돌을 제거하고 곱게 채 썬다.
4. 대추를 돌려 깎아 밀대로 밀어 채 썰고, 실백은 비늘잣을 해놓는다.
5. 달걀은 황 · 백으로 나누어 지단을 부친 후 1×0.1×0.1cm로 가늘게 채 썬다.
6. 두부와 고기를 섞어 한참 주물러 양념하여 젖은 보자기를 깔고 1cm 두께로 고르게 펴서 네모지게 만들어 녹두녹말을 체로 쳐서 살짝 뿌린다. 준비한 고명을 위에 뿌려 살짝 누른다.
7. 찐통에 쪄서 식힌 후, 네모지게 썰어 초간장이나 겨자즙을 곁들인다.

Check Point

찜통에 얹어 쪄내어 식힌 후에 네모지게 썰어 초간장 또는 겨자장과 곁들인다.
두부선에 들어가는 모든 재료들은 물기를 제거하고 많이 치대 주어야 식감도 좋고 모양도 좋다.

Note

선, 찜 및 조림류

떡찜

Story Telling

가래떡은 연초에 먹으면 그해 무병장수한다 하여 많이 빼 놓았다가 필요할 때 떡국이나 떡찜 및 떡잡채 등을 해서 먹는다.

02

재료 및 분량

흰떡 300g
쇠고기 50g
건표고버섯 2개
당근 30g
미나리 20g
은행 5개
달걀 1개

양념장
간장 4큰술
설탕 2큰술
다진파 1큰술
다진마늘 2작은술
깨소금 1작은술
참기름 1작은술
후춧가루 1/8작은술
육수 2컵

육수
사태 100g
물 2컵
무 100g
파 20g
마늘 2쪽
통후추

쇠고기 양념
간장 1/2작은술
다진파 1/4작은술
다진마늘 1/4작은술
깨소금 1/4작은술
참기름 1/4작은술
후춧가루 1/8작은술

만드는 방법

1. 사태는 부드럽게 삶아서 큼직하게 썰어 양념하고 당근, 무도 설익게 삶는다.
2. 쇠고기는 다지고, 건표고버섯은 은행잎 모양으로 썰어 양념한다.
3. 1의 무와 당근은 밤톨 크기로 썰고 미나리는 꼬치에 꿰어 미나리 초대를 만든다.
4. 열이 오른 팬에 기름을 두르고 은행을 볶아 속껍질을 벗긴다.
5. 달걀은 도톰하게 황 · 백지단을 부쳐 마름모꼴로 썬다.
6. 떡은 4cm로 설어 대각선 모양으로 가운데 칼집을 넣고 끓는 물에 데쳐 내어 양념한 고기를 사이에 넣는다.
7. 삶은 고기는 한입크기로 썰고 건표고버섯, 당근, 무에 양념장을 붓고 무르게 끓인다.
8. 7에 6의 떡을 넣어 끓인다.
9. 8을 그릇에 담고 4, 5의 은행과 지단을 고명으로 올린다.

Check Point

흰떡은 오이소박이처럼 칼집 길이로 넣어 끓는 물에 살짝 데쳐 내어 한김 식혀 양념한 고기를 채워 넣는다.

Note

갈비찜

Story Telling

갈비란 늑골(肋骨)을 말하며, 특히 소의 갈비는 가리라고 하여 '가리찜'이라고도 불린다. 일반적으로 소와 돼지의 갈비를 사용한다.

어린 암소갈비가 연하고 맛이 있고 고기가 잘 물러서 쉽게 떼어먹을 수 있으며 국물이 알맞게 남아 있고 약간 싱겁고 단맛이 나야 한다.

03

재료 및 분량

찜용 갈비 800g
깐밤 10개
당근 100g
무 100g
건표고버섯 5개
대파 100g

양파 200g
마늘 50g
건고추 3개
배 1/2개
대추 5개

양념장
간장 1컵
설탕 1/2컵
올리고당 50g
육수 7컵
청주 1/2컵
꿀 2큰술
참기름 3큰술
통후추 1/2작은술

만드는 방법

1. 찜용 갈비는 사방 5~6cm 크기로 썰어 찬물에 4시간 정도 담가 핏물을 뺀다.
2. 핏물 뺀 갈비를 끓는 물에 넣고 한번 끓어오르면 찬물에 헹구어 낸다.
3. 무, 당근은 밤처럼 모서리를 둥글게 굴려 자르고, 표고버섯은 미지근한 물에 불린다.
4. 배는 갈아서 즙을 내고 나머지 분량을 넣고 갈비 양념장을 만든다.
5. 냄비에 양념장과 손질한 갈비와 향채를 넣어 끓이다가 중간불로 낮추어 무, 당근, 건표고버섯, 밤, 대추를 넣고 뭉근하게 찜을 한다.

Check Point

갈비찜의 맛이 겉돌지 않게 하려면 양념을 처음부터 다 넣지 말고 반쯤 남겼다가 중간에 양념을 마저 넣어 익히고, 거의 다 되었을 때 불을 강하게 하고 참기름 · 꿀을 넣어 양념이 고기 표면에 부착되어 윤기가 흐르게 한다.

Note

선, 찜 및 조림류

대하찜

Story Telling

새우는 허리가 굽은 것이 마치 바다의 노인처럼 여겨져서 한자로 '해로(海老)' 라 불리우며 왕새우는 '큰 새우' 라는 뜻으로 대하(大蝦)라는 이름으로 불린다.

04

재료 및 분량

새우 5마리
청고추 1개
홍고추 1/2개
석이버섯 2장
달걀 1개

양념장
소금 1/2작은술
마늘즙 1작은술
흰후춧가루 1/8작은술

겨자장
간장 1큰술
식초 1/2큰술
물 1큰술
발효겨자 1작은술
설탕 1작은술

만드는 방법

1. 대하는 껍질째 씻어서 등을 휘게 하여 관절 사이에 대꼬치를 넣어 내장을 뺀다.
2. 등쪽에서 칼집을 넣어 새우살을 넓게 펴서 양념을 고루 뿌려 놓는다.
3. 고추는 반으로 갈라 2×0.1×0.1cm로 채 썬다.
4. 석이버섯은 손질하여 돌돌 말아 채 썰고 참기름을 넣고 볶는다.
5. 달걀은 황 · 백을 나누어 지단을 부쳐 고추와 같은 길이로 채 썬다.
6. 김이 오른 찜통에 새우를 넣고 5분 쪄낸 후 고명을 올리고 잠깐 김을 올린다.
7. 6을 접시에 담고 겨자장을 곁들인다.

Check Point

대하는 내장을 반드시 빼야 쓴맛이 나지 않는다.
찐 대하를 채소와 함께 고소한 잣즙으로 버무려 내는 방법도 있다.

Note

선, 찜 및 조림류

닭찜

Story Telling

반상 · 연회상차림에 많이 쓰이는 닭고기요리이다. 찜통이나 시루에 넣고 익히는 간접적인 찜과는 달리, 닭찜은 국물을 넣고 끓여 익으면 국물을 남게 만드는 방법을 사용한다.

05

재료 및 분량

닭 500g
청주 2큰술
양파 100g
감자 100g
당근 50g
건표고버섯 2개
은행 5알

양념장
간장 5큰술
설탕 $2\frac{1}{2}$큰술
생강즙 2작은술
청주 2큰술
다진파 1큰술
다진마늘 2작은술
참기름 2작은술
깨소금 1작은술
후춧가루 1/8작은술
육수 2컵

만드는 방법

1. 닭은 깨끗이 손질하여 기름기를 제거하고 4~5cm 크기로 토막을 낸다.
2. 냄비에 물을 붓고 끓으면 손질된 닭과 청주, 파 잎을 비롯한 향미채소를 넣고 삶아 놓는다.
3. 양파는 폭 1cm로 썰고 감자, 무도 밤톨 크기로 썰어 모서리를 다듬는다.
4. 은행은 볶아 껍질을 벗겨 둔다.
5. 간장에 양념재료를 넣고 양념장을 만든다.
6. 삶은 닭에 5의 양념장 중 반을 넣고 감자, 무와 함께 센불에서 끓인다.
7. 닭에 어느 정도 간이 배면 나머지 부재료와 양념장을 넣어 은근한 불에서 윤기나게 졸인다.
8. 닭 국물이 1/3로 줄었을 때 불을 세게 하여 참기름을 섞어 윤기를 낸다.

Check Point

닭의 꽁지에 있는 기름덩어리와 닭껍질과 살 사이의 기름도 완전하게 제거한 후에 조리를 하여야 맛이 담백하다. 양념장은 나누어 넣고 조리해야 윤기가 나고 간이 잘 밴다.

Note

선, 찜 및 조림류

도미찜

Story Telling

도미는 살이 단단하고 맛이 좋은 생선이어서 도미찜은 어상(御床)이나 큰 연회상(宴會床)에 자주 올리는 음식이며, 도미찜은 갖은 고명을 얹고 양념하여 익힌 음식이다. '승기악탕' 이라고도 하며 봄철의 시식으로 많이 먹는 음식이다.

06

재료 및 분량

도미 1마리
(500~600g)
생강 1톨
쑥갓 2줄기
밀가루 1/2컵
달걀 2개
청고추 2개
홍고추 1/2개

석이버섯 2장
은행 5개

육수
물 1컵
대파 1/3뿌리
마늘 1쪽
소금 1/2작은술
통후추 1/8작은술

초간장
간장 2큰술
식초 1큰술
설탕 1/2작은술

만드는 방법

1. 도미는 비늘을 긁고 손질하여 세장뜨기 한다.
2. 손질한 도미살을 한입크기로 포를 떠서 소금 · 후추 · 생강즙을 뿌려 놓았다가 살과 뼈에 밀가루 · 달걀옷을 입혀 전을 부쳐 낸다.
3. 달걀 1개는 황 · 백 지단을 부쳐 4x0.1x0.1cm 로 채 썰어 놓는다.
4. 청고추 · 홍고추 · 석이버섯도 손질하여 4x0.1x0.1cm 로 곱게 채 썰어 볶아 놓는다.
5. 은행은 팬에 볶아 껍질을 벗긴다.
6. 물에 파, 마늘을 넣어 육수를 끓여 체에 밭치고 간을 맞춘다.
7. 냄비에 전 부친 뼈를 바닥에 깔고 그 위에 도미전으로 모양을 살려 가지런히 놓고 육수를 부어 잠깐 찌듯이 끓인다.
8. 7.에 고명을 올리고 잠깐 김을 올려 그릇에 담는다.
9. 초간장을 곁들인다.

Check Point

도미는 홍도미와 백도미 중 홍도미를 최고로 친다
도미살 사이에 다진 고기를 양념하여 채워 찌는 방법도 있다.

Note

선, 찜 및 조림류

전복초

Story Telling

궁중의 대표 보양식인 전복초는 전복을 얇게 저민 다음 간장에 달게 졸인 음식으로 초(炒)란 윤기나게 조린다는 의미이다. 말린 전복을 불려서 하기도 한다.

07

재료 및 분량

전복 200g
잣 1/2큰술

조림장
간장 2큰술
설탕 2큰술
청주 1큰술
전복 데친물 1/2컵
대파 1/4대
마늘 2쪽
생강 1/3쪽
꿀 1/2큰술

만드는 방법

1. 전복은 소금으로 문질러 미끈거리는 것을 닦아내고 씻는다. 끓는 물에 살짝 넣었다 꺼내어 살을 발라 낸다.(전복 껍질은 말끔히 씻어 그릇으로 이용한다)
2. 전복 떼어낸쪽을 위로 하여 사선으로 칼집을 낸 후 어슷하게 저민다.
3. 대파 흰 부분을 2cm로 자르고, 마늘과 생강은 저민다. 냄비에 채소와 조림장 재료를 모두 넣고 끓인다.
4. 3의 끓는 조림장에 전복을 넣고 약한 불에서 조리다가 조림장이 졸아들어 2수저쯤 남으면 참기름을 넣고 윤기나게 버무려 낸다.
5. 전복초를 그릇에 담고 잣가루를 뿌린다.

Check Point

조갯살을 오래 데치면 질기게 되므로 물이 끓어오르기 시작하면 살짝 데치고 바로 꺼내 조림장에 조린다.

Note

오징어순대

Story Telling

오징어순대는 작은 오징어를 선택하여 몸통에 다리를 비롯한 여러 가지 재료를 소로 채워 쪄낸 강원도의 대표적인 향토음식이다.

향토음식 중에 겨울철 명태 속에 속을 채워 만드는 명태순대도 있다.

08

재료 및 분량

오징어 2마리
불린찹쌀 1½컵
쇠고기 100g
건표고버섯 2장
당근 20g
홍고추 1/2개
청고추 1개
꼬치 6개
밀가루 6큰술

양념장
다진파 1작은술
다진마늘 1작은술
참기름 1작은술
깨소금 2작은술
소금 1작은술
후춧가루 1/8작은술

초간장
간장 1큰술
식초 1큰술
설탕 1작은술

만드는 방법

1. 오징어는 손바닥 크기의 작은 것으로 골라 몸통과 다리를 분리해 껍질을 벗긴다.
2. 손질한 오징어는 끓는 물에 살짝 데쳐내어 몸통은 물기를 빼고 다리는 곱게 다진다.
3. 찹쌀은 김 오른 찜통에 고슬고슬하게 찐다.
4. 건표고버섯은 따뜻한 물에 불려 곱게 다지고 소고기, 당근, 청고추, 홍고추도 다진다.
5. 2의 다져 놓은 오징어 다리와 3, 4를 섞어 양념한다.
6. 2의 오징어 몸통 속에 밀가루를 뿌리고 양념한 속을 채운 다음, 꼬치로 입구를 막아준다.
7. 오징어 전체 몸에 바늘침을 주고 김이 오른 찜통에 쪄낸 후 식혀서 썰어 준다.

Check Point

오징어는 배를 가르지 않고 다리를 당겨 내장을 떼어 낸다.
소를 넣은 후 찌기 전에 오징어 몸통에 바늘침을 주어서 쪄내어야 속에 생기는 수분이 밖으로 빠져 나오고 식으면서 내용물이 단단해져서 속과 몸통이 분리되지 않는다.

Note

선, 찜 및 조림류

홍어어시육

Story Telling

홍어의 껍질을 벗겨 꾸덕하게 말린 다음 양념을 발라 짚 사이에 넣고 찌는 음식으로, 비린내가 없고 담백하다. 전라도 지방에서 즐겨 먹으며 흑산도홍어가 가장 유명하다.

09

재료 및 분량

홍어(껍질벗긴) 500g
소금 1/4작은술
청주 1큰술
생강즙 1큰술
참기름 1큰술
파 10g
마늘 10g
실고추

초간장
간장 1큰술
식초 1큰술
물 1큰술
잣가루 1작은술

만드는 방법

1. 홍어는 내장을 빼내고 깨끗이 씻어 물기를 닦아낸 후 가로 세로 5cm 정도로 자른다.
2. 홍어에 소금과 청주 · 생강즙을 뿌려 채반에 널어 꾸덕하게 말려 참기름을 바른다.
3. 파와 마늘은 길이 2cm 폭 · 두께 0.2cm로 채 썬다.
4. 실고추는 길이 2cm로 자른다.
5. 초간장을 만든다.
6. 찜기에 물을 붓고 김이 오르면 젖은 면보를 깔고 홍어를 넣는다. 그 위에 채 썬 파 · 마늘 · 실고추를 얹어 10분 정도 찐다.
7. 그릇에 담아 초간장과 함께 낸다.

Check Point

홍어는 살이 연하고 부드럽기 때문에 너무 오래 찌면 부스러지기 쉽다.
홍어를 막걸리에 담갔다가 건져서 찌는 방법도 있다.

Note

선, 찜 및 조림류

어선

Story Telling

어선은 동태나 대구, 민어 등 흰살생선의 살을 포 떠서 각종 채소를 넣고 말아 찐 전통 음식이다.

10

재료 및 분량

대구살 300g
오이 60g
석이버섯 2장
달걀 1개
당근 30g
건표고버섯 2장
녹말가루 1/2컵
참기름 1/4작은술
깨소금 1/2작은술

양념장
소금 1$\frac{1}{2}$ 작은술
청주 2작은술
후춧가루

만드는 방법

1. 대구살은 포를 뜬 다음, 청주와 소금 및 후춧가루를 뿌려 놓는다.
2. 오이는 5cm 길이로 돌려깎기하여 두께 0.1cm로 채 썰고, 당근도 같은 크기로 채 썬다.
3. 표고버섯과 석이버섯은 물에 불려 깨끗이 손질한 후 곱게 채 썬다.
4. 달걀은 흰자, 노른자로 갈라 지단을 부친 다음 채 썬다.
5. 2~3은 각각 볶는다.
6. 김발을 펴고 녹말가루를 뿌린 뒤 생선살을 편다.
7. 생선살 위에 녹말가루를 고루 뿌리고 준비한 재료를 길게 놓고 김밥 말듯이 만다.
8. 김이 오른 찜통에 약 10분 동안 찐 다음에 식혀서 썰어 담는다.

Check Point

겨자즙이나 초간장을 함께 곁들인다.
생선살에 녹말가루를 충분하게 뿌리고 속재료는 물기가 없어야 한다.
생선살은 최대한 넓게 포를 떠야 만들기 쉽다.

Note

선, 찜 및 조림류

소고기장조림

Story Telling

장조림이란 고기를 크게 잘라 간장에 졸여 오래도록 먹을 수 있게 만든 찬류의 하나이다.

11

재료 및 분량

쇠고기(홍두깨살) 200g
파 10g
마늘 50g
꽈리고추 50g

양념장
간장 5큰술
설탕 2큰술
청주 2큰술
생강 1톨
건고추 1개
통후추
육수 3컵

만드는 방법

1. 쇠고기는 핏물을 빼고 가로 5cm, 세로 6cm, 두께 5cm 정도로 썬다.
2. 냄비에 물을 올려 끓으면 소고기를 향채를 넣고 삶아 낸다.
3. 마늘과 꽈리고추는 꼭지를 떼고 깨끗이 씻는다.
4. 냄비에 조림장과 육수, 삶은 고기를 넣고 끓인다.
5. 쇠고기가 익으면 마늘을 넣고 끓이다가 꽈리고추를 넣어 완성한다.

Check Point

장조림의 고기는 기름이 적은 부위를 선택하여 조리한다.
고기를 먼저 삶아 조리하면 불순물 제거와 함께 양념이 고기에 금방 스며든다.

Note

선, 찜 및 조림류

낙지더덕꼬치전

Story Telling

더덕 : 가을철 좋은 약재와 음식의 실재료로 '사삼' 이라고 불리며 사포닌 성분은 소화기능을 돕고 항암효력도 가지고 있으며 원기회복에 도움이 된다.

낙지 : 성분으로는 단백질 · 인 · 철 · 비타민 등 타우린 함량이 아주 높아 시력 회복, 당뇨병예방, 피로회복에 도움이 되며 간의 해독작용으로 숙취해소에도 좋다.

12

재료 및 분량

낙지 1마리
더덕 3개
마늘쫑(쪽파) 30g
파프리카
식용유 2큰술

유장
참기름 1큰술
간장 1작은술

양념장
고추장 1큰술
고춧가루 1작은술
간장 1작은술
설탕 1작은술
양파청 1작은술
물엿 1작은술
다진마늘 1작은술
다진파 1작은술
참기름 1작은술
깨소금 소량

만드는 방법

1. 낙지는 소금으로 씻어 끓는 물에 살짝 데친다.
2. 더덕은 4등분하여 소금에 살짝 절였다가 두들겨 준다.
3. 낙지와 더덕을 유장에 버무려 준다.
4. 꼬지에 낙지 · 쪽파 · 더덕 · 파프리카를 꽂는다.
5. 팬에 기름을 살짝 두르고 한 번 굽는다.
6. 양념장을 발라 굽는다.

Check Point

낙지는 데친 후 사용해야 수분이 덜 생긴다.

Note

선, 찜 및 조림류

단호박 해물찜

Story Telling

단호박 : 베타카로틴이 풍부한 호박은 슈퍼푸드로 면역력 증가 및 항산화작용을 하며, 섬유질이 풍부하여 소화와 장 건강에도 도움을 준다.

전복 : 칼슘 · 무기질 · 비타민 · 타우린 · 니아신 등 다양한 영양성분을 포함하고 있으며 피부미용과 간 해독 작용 및 산후조리에 좋고, 허약체질의 신진대사를 원활하게 해주는 등 바다의 보약이다.

13

재료 및 분량

단호박 1개
전복 1~2마리
낙지 1마리
대하 2마리
관자 2개
생표고버섯 1개
양송이버섯 2개
팽이버섯 1팩
정종 1큰술
레몬 1/4개
대파 1대

된장깨소스
된장 1작은술
볶은참깨 3큰술
잣 1큰술
간장 1작은술
매실청 1큰술
소금 소량

와사비간장소스
간장 1큰술
유자청 1큰술
와사비 1작은술
다진청양고추 1작은술
다진쪽파 1/2큰술

만드는 방법

1. 호박은 속을 파고 찜기에서 15분가량 찜하여 둔다.
2. 해산물은 손질하여 끓는 물에 정종과 레몬을 넣고 살짝 데친다.
3. 호박에 해물을 채우고 레몬 한쪽과 정종 약간을 뿌리고 뚜껑을 올려 랩이나 호일로 싼다.
4. 20~30분가량 호박이 익도록 찜한다.
5. 소스를 곁들여 준비한다.

Check Point

오븐에 호일로 감싸고 굽는 방법으로 조리해도 좋다.

Note

구기자 산약 닭찜

Story Telling

산약 : 참마를 가리키며 섬유질과 비타민이 풍부하여 장과 변비치료에 좋다 디아스타제, 디오스게닌 성분이 풍부하여, 당뇨병과 위장질환에 효능이 있고 각종 비타민과 아미노산 및 무기질이 풍부하여 강장제 역할을 하여 산의 장어라 불린다.

구기자 : 동의보감에 흰머리를 검게 하고 눈을 맑게 하여 오래 살게 하는 약재로 활용하였다 하고 주성분으로는 카로틴 · 비타민 · 니코틴산 등 면역력을 증강시키고 항암효과가 있다고 한다. 보양식 요리에 다양하게 쓰인다.

14

재료 및 분량

닭 500g
산약 200g
표고버섯 2개
구기자 10g
마늘 5알
생강 20g

황기 2뿌리
다시마 10g
정종 1큰술
참기름 1작은술

양념장
간장 4큰술
설탕 1큰술
양파청 1큰술
정종 1큰술
조청물엿 1큰술
다진마늘 1큰술
다진파 1큰술
후추 소량

만드는 방법

1. 닭은 4cm 크기로 토막낸 후 끓는 물에 데친다.
2. 산약은 껍질을 제거하고 4cm 크기로 썰어 끓는 물에 데친다.
3. 황기 다시마 및 정종 1/2큰술을 넣고 육수를 끓여 3컵 정도 준비한다.
4. 냄비에 닭과 양념장 1/2를 넣어 볶은 후 끓인 육수를 넣어 찜한다.
5. 산약과 표고버섯 및 구기자를 넣어 조림을 하고 남은 양념장을 넣어 준다.
6. 참기름을 넣고 찜을 완성한다.

Check Point

기름기가 많은 닭은 껍질을 제거한 후 사용한다.

Note

선, 찜 및 조림류

오겹살약재찜

Story Telling

영양부추 : 3~5월에 나는 부추가 가장 맛이 있고 비타민 A, B가 풍부하다. 맵고 독특한 냄새가 나는 성분은 유화알릴이며 몸을 따뜻하게 하는 성분이다. 변비 · 설사 · 냉증 · 빈혈 · 감기예방에도 효력이 있고 강장제 채소로 사찰에서 금하는 오신채(마늘 · 파 · 부추 · 달래 · 흥거) 중에 으뜸인 식품이다.

15

재료 및 분량

제주오겹살 600g
영양부추 40g
대추 2개
양파 1/4개
황기 2뿌리
감초 1개
계피 2g

마늘 4알
생강 20g
사과 1/2개
대파 1개

찜용 양념
된장 1큰술
간장 3큰술
노두유 1작은술
흑설탕 2큰술
정종 1큰술
양파청 1큰술

무침 양념
간 사과 1/2개
다진마늘 1작은술
매실청 2큰술
식초 1큰술
포도씨유 1큰술
간장 1작은술

만드는 방법

1. 오겹살은 팬을 달군 후 사방으로 노릇하게 굽는다.
2. 끓는 물에 살짝 데친다.
3. 오겹살 · 약재 · 마늘 · 생강 · 사과 · 대파를 넣고 찜용 양념과 잠길 정도의 물을 넣어 1시간 정도 익힌다.
4. 오겹살은 건지고 기름을 제거한 후 양념을 졸여 준다.
5. 영양부추 · 대추 · 양파는 썰어 무침양념에 버무린다.
6. 오겹살은 식은 후 잘라 주고 부추무침을 곁들인다.

Check Point

지방이 적은 목삼겹으로 찜을 해도 좋다.

Note

선, 찜 및 조림류

구기자 더덕 고등어조림

Story Telling

구기자 : 동의보감에 흰머리를 검게 하고 눈을 맑게 하여 오래 살게 하는 약재로 활용하였다 하고 주성분으로는 카로틴, 비타민, 니코틴산 등 면역력을 증강시키고 항암효과가 있다고 한다. 보양식 요리에 다양하게 쓰인다.

고등어 : 등푸른 생선으로 DHA 성분은 뇌의 활동을 촉진시켜 주며, 치매예방에도 도움을 주고 불포화지방산은 콜레스테롤 수치를 낮춰 주며 세포 활성화 및 골다공증 예방에 도움을 준다.

16

재료 및 분량

고등어 1마리
무 100g
더덕 4뿌리
청 · 홍고추 1개
구기자 20g
다시마 10g
국멸치 30g
생강 20g
마늘 5알
대파 1대
참기름 1작은술

양념장

간장 3큰술
된장 1큰술
설탕 2큰술
조청물엿 2큰술
정종 1큰술

만드는 방법

1. 다시마 · 멸치 · 무를 넣어 육수를 4컵 준비한다.
2. 고등어는 씻어 3토막 준비한다
3. 무는 4cm 크기로 모서리를 돌려깎아 준비한다.
4. 더덕은 손질하여 소금물에 살짝 절인다.
5. 생강 · 마늘은 편을 썰어 준비한다.
6. 다시물에 썬 무를 넣어 익히고 양념장을 풀고 고등어와 구기자를 넣어 조림한다.
7. 대파와 청 · 홍고추를 넣어주고 참기름을 넣어 조림을 완성한다.

Check Point

고등어는 쌀 씻은 물이나 소량의 식초에 씻으면 비린맛이 덜하다.

Note

선, 찜 및 조림류

보양오리구이

Story Telling

오리 : 동의보감이나 중국의약대전 등 문헌에서 오리는 빈혈증 · 병후회복 · 허약체질 · 양기부족 · 중풍 등 소염과 소농은 물론이고 풍을 다스리는 데 약으로 사용되었다고 기록하고 있다. 육류 중 알칼리성 식품으로 불포화지방산을 포함하고 있어 체내의 지방축적을 예방하며 몸의 산성화를 막아 주는 스태미너 식품이다.

17

재료 및 분량

오리 1마리
대추 5개
표고버섯 3개
구기자 5g
정종 100mL

약재물
황기 2뿌리
감초 2개
표고버섯 5개
당귀 3g
물 4컵

양념장
약재물 2컵
간장 4큰술
노두유 1큰술
꿀 2큰술
양파청 2큰술
조청물엿 3큰술
생강즙 1큰술

만드는 방법

1. 오리는 깨끗하게 씻어 정종을 뿌려 재워 둔다.
2. 찜통에 오리를 넣어 30분가량 찐다.
3. 양념은 냄비에서 졸여 농도가 있게 준비한다.
4. 찐오리에 양념을 여러 번 발라주며 40분가량 굽는다.

Check Point

유산지나 호일을 감싸서 굽는 것이 수분을 조절하여 식감이 좋다.

Note

오향 돼지족찜

Story Telling

오향 : 팔각, 화향, 정향, 계피, 산초를 가리키는 말로 다양한 향신료를 의미한다. 음식을 조리할 때 특유의 향은 음식맛을 내고 방부효과와 소화촉진 등 다양한 용도로 활용되며 중식의 대표 향신료라 할 수 있다. 우리나라에서도 계피나 산초 등은 약재로 활용되었다.

돼지족 : 콜라겐 · 젤라틴 · 칼슘 · 철분 · 엽산이 풍부한 돼지족은 피부미용 뼈를 튼튼하게 하며 빈혈 증세에도 효능이 있으며 골다공증 예방 및 모유수유하는 산모에게도 좋은 음식이다.

18

재료 및 분량

돼지족 2개
양파 1개
사과 1개
생강 60g
대파 1대
마늘 60g
마른청양고추 20g

통후추 10g
계피 10g
정향 5g
팔각 2개
감초 2개
황기 2뿌리

양념장
간장 1컵
흑설탕 1/2컵
효소청 1/2컵
된장 2큰술
조청물엿 1컵
정종 1/2컵
소주 1/2컵

만드는 방법

1. 돼지족은 찬물에 넣고 끓여 이물질과 기름을 제거한다.
2. 재료를 넣고 양념과 잠길 정도의 물을 넣고 1시간 30분가량 끓인다.
3. 돼지족은 건지고 양념은 식혀 기름을 제거한다.
4. 양념을 거즈에 걸러 냄비에서 졸이고 다시 돼지족을 넣어 졸여 준다.
5. 충분히 식힌 후 잘라 준다.

Check Point

돼지족은 생족으로 사용하고 한번 삶은 후 털을 제거하고 조리한다.

Note

선, 찜 및 조림류

양송이해물찜

Story Telling

양송이 : 우리나라에서 식재료로 사용한 것은 오래되지 않았지만 단백질 · 비타민 · 무기질 등 특히 엽산이 풍부하고 필수아미노산이 많아 빈혈 · 피부미용 · 항암 효과 등이 있으며 콜레스테롤 수치를 낮춰 주는 작용도 한다.

새우 : 칼슘이 풍부하고 카로틴 성분이 비타민 A로 전환되어 면역력 증강과 골다공증예방 및 콜레스테롤 수치를 낮춰 주는 기능이 있다.

19

재료 및 분량

양송이 20개	양념장
새우살 100g	간장 1큰술
마 50g	매실청 1작은술
정종 1작은술	참기름 1작은술
달걀흰자 1큰술	깨소금 1작은술
전분 1큰술	다진쪽파 1작은술
소금 소량	
후추 소량	

만드는 방법

1. 양송이는 꼭지를 떼고 소금 소량을 뿌려준 후에 전분을 살짝 뿌린다.
2. 새우살은 다진 후 정종, 소금, 후추로 간을 한다.
3. 마는 씻어 잘게 다진 후 새우살과 흰자 전분을 1/2큰술 넣어 섞는다.
4. 양송이에 속을 채우고 면보를 깔고 찜통에 10분가량 찜한다.
5. 양념장을 곁들인다.

Check Point

오븐에 구워서 조리해도 좋다.

Note

선, 찜 및 조림류

구기자연근조림

Story Telling

구기자 : 비타민C · 필수아미노산 · 미네랄 등이 풍부하며 과실에는 베타인 성분이 있어서 혈압조절 · 콜레스테롤 저하 · 항균작용 · 항암효과 · 간기능 개선 등 면역력을 높이는 데 도움을 준다.

연근 : 뿌리채소로 섬유질 · 비타민 · 무기질이 풍부하고 진정작용 · 신경과민 · 스트레스 · 우울증에 도움이 된다. 뼈의 건강과 피부건강에도 도움을 주며 해독작용, 노화방지 등 건강을 위한 식품으로 가을철에 꼭 먹어야 되는 음식이다.

20

재료 및 분량

연근 200g
구기자 5g
참기름 1작은술
검은깨 소량

다시물
다시마 5g
표고버섯 3개
생강 10g
물 600mL

양념장
다시물 2컵
간장 4큰술
설탕 2큰술
정종 2큰술
물엿 3큰술

만드는 방법

1. 연근은 껍질을 제거하고 끓는 물에 4분가량 데친다.
2. 다시물을 끓여 준비한다.
3. 양념과 다시물을 끓이고 데친 연근을 넣어 조린다.
4. 구기자를 씻어 넣고 조린다.
5. 참기름 검은깨를 넣어 준다.

Check Point

구기자를 너무 일찍 넣으면 풀어지므로 나중에 넣는다.

Note

선, 찜 및 조림류

오가피닭날개찜

Story Telling

오가피 : 오가피는 잎 · 줄기 · 뿌리까지 모두 약재로 사용되며, 약나무라 불릴 정도로 효능이 다양하다. 오가피순은 비타민과 무기질이 풍부하여 나물이나 차로 활용하고, 줄기와 뿌리는 약이나 보양요리에 사용된다. 간 기능 보조 · 해독작용 · 면역력강화 · 관절염 · 스트레스해소 · 전립선예방 등에 도움을 준다.

21

재료 및 분량

닭날개 300g
대추 5개
통마늘 30g
조청물엿 1큰술
참기름 1작은술
오가피나무 10g
열매 5g

양념장
간장 4큰술
실팅 2큰술
정종 1큰술
다진마늘 1큰술
다진파 1큰술
다진생강 1작은술
후추 소량

만드는 방법

1. 닭날개는 칼집을 넣어 끓는 물에 데친다.
2. 닭날개에 양념장을 넣어 볶은 후 잠길 정도로 물을 넣고 오가피나무 열매를 넣어 졸인다.
3. 대추와 통마늘을 넣어 조림을 하고 물엿, 참기름을 넣어 준다.

Check Point

닭의 분량이 많을 때는 오가피물을 충분히 끓인 후에 양념장에 넣어 사용해도 좋다.

Note

선, 찜 및 조림류

생강가지찜

Story Telling

가지 : 식품 중에 가장 강력한 암 억제 효과를 내며 열에도 강하다. 활성산소를 제거하며 콜레스테롤 수치를 낮춰 준다. 칼로리가 낮고 식이섬유가 풍부해 변비 치료 및 다이어트에도 도움을 준다.

생강 : 소화제 · 기침치료 · 살균작용 · 생선 및 육류의 비린맛 제거와 맛을 내는 용도로 활용되었다. 매운맛을 내는 진저롤 성분은 콜레스테롤 수치늘 낮춰 주고 혈액을 맑게 하며 고혈압과 동맥경화에도 좋고 배뇨작용에 도움을 주며 독소 제거 및 항산화 역할로 면역력을 높여 준다.

22

재료 및 분량

가지 2개
생강 10g
대추 3개
생밤 3개
쪽파 10g
전분 3큰술
식초 1작은술
소금 소량

양념장
간장 2큰술
양파청 1큰술
고춧가루 1작은술
참기름 1작은술

만드는 방법

1. 가지는 1.5cm 두께로 썰어 소금을 소량 뿌려 준비한다.
2. 마른 전분을 뿌려 찜통에 넣어 3분 정도 찐다.
3. 생강은 가늘게 채 썰어 식초물에 담가 매운맛을 뺀다.
4. 대추와 생밤은 채 썰고 쪽파는 0.5cm 썰어 양념장에 섞는다.
5. 찐 가지에 4의 양념을 올린다.

Check Point

가지를 찐 후 기름에 살짝 구워서 사용해도 독특한 맛을 낸다.

Note

선, 찜 및 조림류

훈제오리찜

Story Telling

오리 : 동의보감과 중국의 약대전 등 문헌에 따르면 오리는 빈혈증 · 병후회복 · 허약체질 · 양기부족 · 중풍 등 소염과 소농은 물론이고 풍을 다스리는 데 약으로 사용되었다. 육류 중 알칼리성 식품으로 불포화지방산을 포함하고 있어 체내의 지방축적을 예방하며 몸의 산성화를 막아 주는 스태미너 식품이다.

유자 : 비타민 C · 유기산 · 칼슘 · 비타민 B_2가 풍부하며 피로회복 · 식욕증진 · 소화촉진 · 지방억제 효능이 있어 비만예방에도 도움을 준다.

23

재료 및 분량

훈제오리 200g
인삼 1개
대추 3개
영양부추 50g
검은깨 2g
정종 1큰술

양념장
유자청 1큰술
포도씨유 1큰술
식초 1/2큰술
연겨자 1작은술
소금 소량

만드는 방법

1. 훈제오리는 정종을 뿌려 김이 오른 찜통에서 5분 정도 찐다.
2. 인삼과 대추는 채를 가늘게 썬다.
3. 영양부추는 4cm 길이로 썬다.
4. 유자청 소스로 인삼 · 대추 · 영양부추 · 검은깨를 넣어 무친다.
5. 찐 오리와 4의 무침을 담아 낸다.

Check Point

오리는 찌거나 구운 후 기름을 빼고 식혀 냉채로 무침하여도 좋다.

Note

생채, 숙회 및 회류

해물잣즙냉채

Story Telling

대하에 많이 들어 있는 타우린과 키토산은 혈중 콜레스테롤 수치를 저하시키며, 특히 타우린은 해독작용을 도와 간 기능의 개선에 효과가 있으며, 칼슘이 많아 골다공증과 골연화증을 예방해 주는 작용을 한다.

01

재료 및 분량

소라살 2개
갑오징어(소) 1/4 마리
대하 4마리
관자 1개
생률 2개
대추 2개
오이 60g
죽순 60g

잣즙 소스
실백 50g
육수 4큰술
소금 1/2작은술
후춧가루 1/8작은술

만드는 방법

1. 소라는 삶아 내장을 떼어낸다.
2. 갑오징어는 껍질을 벗기고 안쪽에 0.3cm 간격으로 칼집을 넣어 저민다.
3. 새우와 관자는 내장을 손질하여 놓는다.
4. 끓는 소금물에 해물들을 각각 데쳐 낸다.
5. 관자와 소라살은 모양을 살려 0.2cm 두께로 편 썰며, 새우는 껍질을 벗긴 뒤 길이로 반을 갈라놓는다.
6. 생률은 편 썰고 대추는 돌려깎기하여 3~4쪽으로 썬다.
7. 오이는 4×1.5×0.3cm로 썰고, 죽순도 오이와 같은 크기로 빗살무늬를 살려서 썰어 끓는 물에 데쳐 낸다.
8. 잣은 육수를 넣고 갈아서 양념하여 놓는다.
9. 준비된 재료들은 물기를 제거하고 잣즙 소스를 넣고 가볍게 버무려 담는다.

Check Point

통조림 죽순은 끓는 물에 데친 후 찬물에 담가 두어야 아린맛과 석회성분이 빠져나온다. 잣은 육수에 걸죽하게 갈아 먹기 직전에 무쳐 낸다.

Note

생채, 숙회 및 회류

닭겨자냉채

Story Telling

냉채는 차가운 채소음식을 말하며, 냉채의 양념에 따라서 겨자채 · 잣즙냉채 · 호두즙냉채 등으로 나눌 수 있다. 닭고기와 여러 채소를 겨자즙으로 버무린 냉채이며, 밥반찬이나 술안주 등에 모두 어울리는 음식이다.

02

재료 및 분량

닭 1/3마리
오이 1/2개
당근 1/4개
밤 2개
배 1/4개
죽순 50g
달걀 1개
잣 1작은술

겨자 소스
식초 2큰술
설탕 1큰술
발효겨자 2작은술
소금 2작은술
배즙 2큰술

만드는 방법

1. 닭은 껍질을 벗겨 끓는 물에 삶아 결대로 찢는다.
2. 오이는 손질한 후 4×1×0.2cm의 크기로 썬다.
3. 당근, 배도 오이와 같은 크기로 썰고 밤은 편 썰기한다.
4. 죽순은 빗살 모양을 살려 4×1×0.2cm 길이로 썬 후 끓는 물에 살짝 데쳐서 찬물에 헹군다.
5. 달걀은 황 · 백으로 나누어 지단을 부쳐서 채소와 같은 크기로 썬다.
6. 발효겨자에 설탕, 식초, 소금, 배즙을 섞어 소스를 만든다.
7. 접시에 준비한 냉채 재료를 가지런히 담고 잣을 올리고 먹기 직전에 겨자 소스를 끼얹는다.

Check Point

겨자 소스에 연유를 같이 넣어 주면 매운맛을 중화시켜 부드럽게 된다.

Note

생채, 숙회 및 회류

월과채

Story Telling

애호박 · 쇠고기 · 표고버섯 · 찹쌀 부꾸미를 채로 썰어 양념을 하여 잡채처럼 만든 전통음식이며 '월과'는 호박을 말한다.

03

재료 및 분량

애호박 200g
쇠고기 80g
표고버섯 2장
느타리버섯 50g
홍고추 1/2개
찹쌀가루 1/2컵
달걀 1개
잣가루 1작은술

쇠고기 · 버섯 양념
간장 2작은술
설탕 1작은술
파 1/2작은술
마늘 1/4작은술
참기름 1/2작은술
깨소금 1/2작은술
후춧가루 1/8작은술

만드는 방법

1. 애호박은 눈썹 모양으로 썬 다음, 소금에 절여 둔다.
2. 쇠고기와 표고버섯은 불려 물기를 짜서 채를 썰어 양념한다.
3. 느타리버섯은 결대로 찢어 끓는 물에 데친다.
4. 홍고추는 반으로 갈라 채를 썬다.
5. 찹쌀가루를 익반죽하여 팬에 식용유를 두르고 지져내어 식은 후에 썬다.
6. 달걀은 황 · 백으로 나누어서 부쳐 부꾸미와 같은 크기로 썬다.
7. 1~4의 재료를 각각 볶아서 식힌다.
8. 준비한 재료를 모두 넣고 골고루 무치고 나서 소금으로 간을 하고 잣가루를 뿌린다.

Check Point

찰부꾸미는 완전히 식힌 다음에 채 썰어야 서로 달라붙지 않는다.

Note

생채, 숙회 및 회류

파강회

Story Telling

강회란 숙회(熟膾)의 일종으로 미나리나 파와 같은 채소를 데친 다음, 다른 채소나 고기와 함께 말아 놓은 것이며, 파강회는 파를 데쳐 달걀지단 · 편육 · 버섯 등을 말아 초고추장에 찍어 먹는 음식이다.

04

재료 및 분량

쪽파 50g
달걀 2개
홍고추 1개
편육 100g

초고추장
고추장 3큰술
식초 2큰술
청주 1작은술
물엿 1/2큰술
설탕 1큰술
마늘즙 1작은술
생강즙 1/4작은술
레몬즙 1큰술

만드는 방법

1. 쪽파는 다듬어 씻어 끓는 물에 데친다.
2. 달걀은 지단을 부쳐서 4×0.3×0.3cm로 썰어 놓는다.
3. 홍고추 · 편육은 지단과 같은 크기로 채 썬다.
4. 실파에 홍고추 · 지단 · 편육을 보기 좋게 만다.
5. 접시에 담아 초고추장과 같이 낸다.

Check Point

재료들 사이에 잣을 끼워 말기도 한다.
실파는 살짝 데쳐야 색이 파랗게 나온다.

Note

생채, 숙회 및 회류

무말이강회

Story Telling

무를 원형으로 얇게 썰어 새콤달콤하게 절인 다음, 각종 채소를 섞어 말아 먹는 음식이다.

05

재료 및 분량

무 150g
오이 1/2개
표고버섯 2개
당근 20g
무순 10g
팽이버섯 1/3봉

무양념
식초 3큰술
설탕 3큰술
소금 1큰술
물 1컵

속양념
소금 1/2작은술
설탕 1작은술

만드는 방법

1. 무는 직경 7cm, 두께 0.1cm로 얇게 썰어 양념물에 재워 놓는다.
2. 오이는 4cm로 썰어 돌려깎기하여 곱게 채 썬다.
3. 표고버섯은 따뜻한 물에 불려서 기둥을 따내고 가늘게 채 썬다.
4. 당근도 오이와 같은 크기로 썰고 팽이버섯은 가닥을 뜯어 놓는다.
5. 모든 재료를 섞어 간을 맞춘다.
6. 재워둔 무에 5를 가지런히 놓고 무순을 올려 말아 준다.

Check Point

무에 색을 들여 만들기도 하며, 가을철 무가 맛이 좋을 때 많이 만들어 먹는다.

Note

구절판

Story Telling

구절판은 아홉으로 나누어진 목기로 음식을 담는 그릇의 이름이었으나 여기에 음식을 담아 그릇 이름 그대로 구절판이라고 부른다. 맛이 담백하여 전채요리로 많이 이용된다. 진 구절판과 마른 구절판의 2가지로 나눈다.

06

재료 및 분량

쇠고기(우둔) 100g
건표고버섯 5개
오이 150g
당근 80g
죽순 100g
달걀 2개
목이버섯 5g

쇠고기 양념
간장 1작은술
설탕 1/2 작은술
파 1작은술
마늘 1/2작은술
깨소금 1작은술
참기름 1/2작은술
후춧가루 1/8작은술

밀전병
밀가루 1컵
소금 1/3작은술
물 $1\frac{1}{4}$컵

겨자즙
간장 2큰술
식초 1큰술
설탕 1/2작은술
물 1큰술
발효겨자 1/2작은술

만드는 방법

1. 쇠고기는 가늘게 채 썰어 양념장으로 양념하여 볶는다.
2. 표고버섯은 불렸다가 기둥은 떼어내고 가늘게 채 썰어 간장, 참기름을 넣고 무친다.
3. 오이는 4cm으로 썰어 돌려깎기하여 곱게 채 썬다.
4. 당근도 4×0.1×0.1cm로 곱게 채 썰어 놓는다.
5. 목이버섯은 따뜻한 물에 불려 손질하여 채 썰고 참기름, 간장으로 무친다.
6. 죽순은 끓는 물에 데쳐 오이와 같은 크기로 썬다.
7. 달걀은 황·백으로 지단을 부쳐서 가늘게 채 썬다.
8. 준비한 재료를 각각 볶아 식힌다.
9. 밀가루에 소금을 넣어 체에 친 다음, 물을 넣어 묽게 풀어서 밀전병을 부쳐 식혀서 담는다.
10. 준비한 재료를 색이 조화되게 구절판에 담고 겨자장을 곁들인다.

Check Point

구절판의 가운데 밀전병을 서로 떼기 좋도록 잣가루를 뿌려 담고, 가장자리에는 준비해 둔 나머지 재료들을 색을 맞추어 담는다. 닭가슴살이나 새우 등 다양한 재료를 사용하며, 모두 가는 채의 형태로 썰어 쓴다.

Note

생채, 숙회 및 회류

삼색나물

Story Telling

취는 혈액순환을 촉진시키고 두통에 효과가 있으며, 도라지는 기침을 멎게 하고 가래를 삭히는 효과가 있다.

07

재료 및 분량

고사리 100g
실고추 1g
통도라지 100g
생취 100g

양념장
진간장 2작은술
조선간장 2작은술
설탕 1/4작은술
다진파 2작은술
다진마늘 1작은술
깨소금 2작은술
참기름 2작은술
들기름 2작은술
후춧가루 1/8작은술

만드는 방법

1. 말린 고사리는 하룻밤 물에 불렸다가 삶아서 물에 담가 놓는다.
2. 삶은 고사리의 억세고 단단한 부분을 다듬어 잘라 놓는다.
3. 통도라지는 가늘게 찢어서 소금을 넣고 주무른 후 물에 헹궈 준다.
4. 생취는 어린 잎으로 손질하여 끓는 물에 소금을 넣고 삶고 나서 물에 담가 떫은맛을 우려 낸다.
5. 파, 마늘을 곱게 다지고 실고추는 3cm 길이로 끊는다.
6. 양념한 고사리를 팬에 볶다가 뚜껑을 덮어 익히고 실고추와 깨소금, 참기름을 넣어 고루 섞어 그릇에 담는다.
7. 도라지에 양념을 넣어 고루 무친 다음, 냄비에 볶다가 물 3큰술을 넣어 뚜껑을 덮고 익혀 참기름과 깨소금으로 마무리한다.
8. 삶은 취는 물기를 꼭 짜서 간장 · 파 · 마늘로 양념하여 열이 오른 팬에 기름을 두르고 볶는다.

Check Point

도라지는 데치지 않고 팬에 볶아야 무르지 않고 맛이 좋다.
취의 쓴맛을 없애기 위해 설탕을 약간 첨가한다.

Note

원산잡채

Story Telling

원산잡채는 함경도 향토음식으로, 당면은 삶아서 간장과 참기름으로 무치고 해산물을 끓는 물에 살짝 데친 후에 여러 가지 채소와 한데 섞어 양념하여 기름에 볶은 잡채를 말한다.

08

재료 및 분량

오징어 100g
소라살 50g
홍합살 50g
새우 50g
피망 100g
당근 50g
양파 100g
홍고추 1/2개
당면 50g
건표고버섯 3장

양념장
다진파 1작은술
다진마늘 1/2작은술
소금 1/4작은술
참기름 1큰술
깨소금 1작은술
설탕 1/2큰술
후춧가루 1/8작은술

당면 양념
간장 1큰술
설탕 1/2큰술
참기름 1작은술

만드는 방법

1. 오징어는 껍질을 벗겨 몸통 안쪽에 칼집을 넣고 끓는 물에 데친 후에 저며 썬다.
2. 소라살은 내장을 손질하고 0.2cm 두께로 편 썬다.
3. 홍합살, 새우살은 소금물에 씻어 찜통에 쪄 낸다.
4. 당면은 끓는 물에 삶아 찬물에 헹구어 양념한다.
5. 피망, 당근, 양파, 홍고추는 5×0.2×0.2cm로 채 썬다.
6. 표고버섯은 뜨거운 물에 불려 기둥을 떼고 곱게 채 썬다.
7. 준비한 재료를 각각 볶아서 식힌 뒤에 모두 혼합해 양념한다.

Check Point

당면을 무칠 때는 흑설탕과 백설탕을 섞어서 사용해야 면에 윤기가 나고, 당면이 양념을 많이 흡수하기 때문에 부재료가 들어가기 전에 먼저 밑간을 해준다.

Note

탕평채

Story Telling

녹두묵에 고기볶음 · 미나리 · 김 등을 섞어 만든 묵무침으로 삼짇날 먹는 절식이다.
탕평채라는 음식명은 영조 때 여러 당파가 잘 협력하자는 탕평책을 논하는 자리의 음식상에 처음으로 등장하였다는 데서 유래한다.

09

재료 및 분량

청포묵 300g(1모)
김 1장
숙주 100g
미나리 50g
건표고버섯 2장
소고기 100g

양념장
소금 1/2작은술
참기름 1/2작은술
참깨 1작은술

쇠고기 양념장
간장 2작은술
설탕 1작은술
다진파 1작은술
다진마늘 1/2작은술
깨소금 1/2작은술
후춧가루 1/4작은술
참기름 1/2작은술

만드는 방법

1. 청포묵은 길이 7cm에 폭 · 두께 0.5cm 정도로 채 썬다.
2. 쇠고기는 핏물을 빼고, 길이 5cm로 가늘게 채 썰어 양념한다.
3. 숙주는 머리와 꼬리를 떼고, 미나리는 줄기를 깨끗이 씻는다.
4. 달걀을 황백지단을 부치고 나서 길이 4cm에 폭 · 두께 0.3cm 정도로 채 썬다.
5. 냄비에 물이 끓으면 청포묵과 숙주 및 미나리를 넣고 데쳐 물기를 뺀 후에 양념한다.
6. 팬을 달구어 쇠고기를 볶는다.
7. 김은 앞뒤로 뒤집어가며 구워 부순다.
8. 청포묵과 쇠고기 · 숙주 · 미나리에 소금, 참기름을 넣고 고루 버무려 그릇에 담고 김 · 황백지단을 고명으로 얹는다.

Check Point

청포묵을 초간장에 무쳐 내는 방법도 있다.
청포묵을 냉장고에 굳히면 단단해져서 썰기에 좋다.

Note

생채, 숙회 및 회류

더덕생채

Story Telling

더덕생채는 강원도와 서울의 향토음식으로, 고려시대에 '더덕'의 기록을 확인할 수 있다. 생채에는 참기름을 사용하지 않으나 더덕생채에는 참기름을 사용하는 것이 특징이다.

10

재료 및 분량

더덕 200g
물 400g
소금 1큰술

양념장
고추장 $2\frac{1}{2}$작은술
설탕 1큰술
고춧가루 2작은술
소금 1/2작은술
다진파 1큰술
다진마늘 1작은술
깨소금 1작은술
식초 1큰술

만드는 방법

1. 더덕은 손질하여 깨끗이 씻은 후, 반으로 가른다.
2. 자른 더덕은 소금물에 담가 쓴맛을 빼고, 물기를 닦는다.
3. 더덕을 밀대로 밀어 가늘게 찢는다.
4. 분량의 양념장을 만든다.
5. 더덕에 양념장을 넣고 무친다.

Check Point

더덕은 반으로 가르거나 굵은 것은 편으로 포를 떠서 소금물에 담가 쓴맛을 우려낸 다음에 물기를 없애고 두드려야 더덕이 부서지지 않는다.

Note

생채, 숙회 및 회류

죽순무침

Story Telling

봄이 제철인 대나무의 죽순은 대나무류의 땅속줄기에서 돋아나는 어리고 연한 새순으로 요리에 많이 활용된다.

11

재료 및 분량

	양념장 1	양념장 2
죽순(통조림) 150g	간장 1작은술	소금 2작은술
소금 1작은술	설탕 1/2작은술	설탕 2작은술
흰후춧가루	다진파 1작은술	참기름 2작은술
숙주 70g	다진마늘 1/2작은술	
미나리 20g	깨소금 1작은술	
청고추 1/2개	후춧가루 1/8작은술	
소고기 100g	참기름 1작은술	
건표고버섯 2장		

만드는 방법

1. 죽순은 빗살 모양을 살려 두께 0.3cm 정도로 썬다.
2. 숙주는 머리와 꼬리를 떼고, 미나리는 잎을 떼어내고, 청고추는 씻어서 길이로 반을 잘라 채 썬다.
3. 쇠고기는 핏물을 닦아 길이 6cm로 채 썰어 양념장 1을 절반 정도 넣고 양념한다.
4. 표고버섯은 물에 1시간 정도 불려 기둥을 떼고 물기를 닦은 후, 폭 · 두께 0.2cm 정도로 채 썰어 나머지 양념장 1.을 넣고 양념한다.
5. 냄비에 물을 붓고 끓으면 죽순을 넣고 데친다.
6. 냄비에 물을 붓고 끓으면 숙주와 미나리를 데친다.
7. 팬을 달구어 식용유를 두르고 죽순과 소금 · 흰후춧가루를 넣어 중불에서 볶고, 청고추도 볶는다.
9. 팬을 달구어 쇠고기와 표고버섯을 넣고 중불에서 볶는다.
10. 준비한 재료를 함께 넣고 양념장 2.를 넣어 고루 섞은 후, 그릇에 담고 잣가루를 뿌린다.

Check Point

죽순은 떫은맛이 많이 나므로 먼저 껍질을 벗겨내고 깨끗이 씻은 뒤, 냄비에 쌀뜨물로 삶아 껍질을 벗기고 용도에 맞게 썰어서 사용한다.

Note

장 류

찹쌀고추장

Story Telling

찹쌀 : 민간요법에서 환자의 회복기에 소화도 잘 되고 몸의 기력을 올린다 하여 죽으로 사용했으며 설사를 멎게 하는 치료에도 사용되었다. 식이섬유가 풍부해 변비치료에도 도움을 주며 비타민 D와 비타민 E가 풍부해 뼈를 강하게 하고 노화예방 및 심장질환예방에도 도움을 준다.

01

재료 및 분량

메줏가루 500g
찹쌀가루 1kg
엿기름 500g
조청물엿 1.5kg
천일염 400g
고춧가루 900g
소주 900mL
매실청 300mL
물 7L

만드는 방법

1. 엿기름을 물에 30분가량 담근 후 베보자기에 넣어 짠다.
2. 엿기름물을 40도 정도로 온도를 높이고 찹쌀가루를 풀어 3시간 정도 삭힌다.
3. 불에 올려 나무주걱으로 저으며 팔팔 끓인다.
4. 불을 줄여 1시간 정도 졸인다.
5. 조청물엿을 넣고 30분가량 더 끓여 식힌다.
6. 천일염, 메줏가루, 고춧가루를 넣어 섞고 매실청과 소주를 넣어 농도를 맞춘다.
7. 충분히 저어 고르게 섞이도록 한다.

Check Point

바로 항아리에 담기보다는 실온에 하루 정도 두었다 틈틈이 잘 섞은 후 농도를 맞추고 소독된 항아리에 담아 보관한다.

Note

장류

마늘고추장

Story Telling

마늘 : 강장작용 및 항암작용이 널리 알려진 효능으로 알린과 스코르디닌이란 성분이 항암작용과 심장병예방 및 활성비타민 섭취에 도움을 주며 이 외에도 해독작용과 소화작용 및 혈압개선, 그리고 허약체질을 극복하는 강장효과를 준다.

02

재료 및 분량

깐마늘 400g
찹쌀 500g
고춧가루 400g
메줏가루 200g
조청물엿 300g
양파청 500mL
소금 250g
정수물 4L
소주 200mL

만드는 방법

1. 마늘은 깨끗하게 씻어 수분을 제거하고 다진다.(입자가 있도록)
2. 찹쌀가루는 물에 풀어 찹쌀풀을 쑨다.
3. 식힌 찹쌀풀에 조청물엿과 양파청 및 소금을 넣어 섞는다.
4. 메줏가루를 섞고 고춧가루를 넣어 섞어 준다.
5. 다진마늘을 섞고 소주로 농도를 맞춘다.

Check Point

찹쌀은 익반죽하여 도넛처럼 만들어 끓는 물에 삶은 후 건져 치대어 찹쌀풀을 만들어도 된다.

Note

장 류

양파고추장

Story Telling

양파 : 중국요리에 양파를 빼면 요리가 어렵다고 하는데 기름진 음식 섭취 시 콜레스테롤 수치를 낮춰 주고 고혈압 · 당뇨 · 항암 · 해독작용을 하며 스태미너 작용을 하는 것으로 알려져 있다. 비타민 · 칼슘 · 철 성분이 풍부하며 껍질에 더 많은 효능을 가지고 있어 껍질은 차로 마시거나 국물을 내는 데 사용하면 좋다.

03

재료 및 분량

양파 700g(5개)
조청물엿 800g
청주 1L
청국장분말 300g
고춧가루 500g
양파청 400mL
천일염 200g

만드는 방법

1. 양파를 갈고 나서 조청과 청주를 넣어 졸인다.
2. 고춧가루와 청국장 분말은 곱게 체질 2회를 한다.
3. 식은 1에 청국장 분말을 넣어 불리고 소금간을 한다.
4. 고춧가루를 나눠서 넣고 양파청을 넣어 농도를 맞춘다.

Check Point

청국장분말 대신에 메줏가루를 사용해도 된다.

Note

장 류

대추고추장

Story Telling

대추 : 예로부터 자손 번창을 뜻하여 폐백상에 올려졌으며, 동의보감에는 몸을 따뜻하게 하고 위를 보호하며 몸이 찬 사람이 오래도록 먹으면 효력이 있다고 기술되어 있다. 대추에는 칼슘 · 비타민 P · 사포닌 성분이 있어 신경쇠약 빈혈 고혈압에도 효능이 있으며 원기회복에도 도움을 준다.

04

재료 및 분량

대추 600g
고춧가루 200g
메줏가루 200g
조청물엿 300g
엿기름 400g
천일염 150g
찹쌀가루 400g
물 3L

만드는 방법

1. 대추는 삶아 씨를 제거하고 더 끓은 후 조청물엿을 넣어 대추고를 만든다.
2. 엿기름을 1시간 정도 담갔다가 걸러 엿기름물을 40℃ 정도로 온도를 올린다.
3. 찹쌀가루를 엿기름물에 넣어 3시간가량 삭힌 후 불에 올려 끓인다.
4. 1/3 정도 졸아들면 식히고 메줏가루를 넣은 후에 대추고를 넣어 섞는다.
5. 고춧가루를 넣고 소금으로 간을 맞춘다.

Check Point

엿기름을 충분히 담갔다가 사용하고 중불에서 엿물을 오래도록 끓이도록 한다.

Note

된장

Story Telling

된장 : 콩을 발효하는 과정에서 생긴 유익균에 의해 암을 예방하는 효능이 있는데 청국장이나 일본된장보다 더 효능이 뛰어나다. 이소플라본 성분은 뼈를 튼튼하게 하며 레시틴 성분은 치매예방 및 뇌건강에도 도움을 주며 비만을 억제하는 효력과 식이섬유가 많아 장 건강에도 도움을 준다.

05

재료 및 분량

메주　5kg(3~4개)
천일염　3kg
숯　100g
대추　10개
마른고추　10개
정수물　10L

만드는 방법

1. 메주는 깨끗하게 씻어 하루 정도 햇볕에 말린다.
2. 정수물에 소금을 타서 염도 18~20도를 맞춘다.(1월 18도, 2~3월 20도)
3. 항아리는 끓는 물에 소독하고 한지나 숯을 구워 안쪽을 소독하고 햇볕에 말린다.
4. 항아리에 메주를 담고 소금물을 부어 준다.
5. 숯을 구워서 넣고 대추와 마른고추를 넣어 준다.
6. 60일 정도 숙성시킨 후 간장과 된장을 분리한다.
7. 된장에 끓인 간장을 넣어 농도를 맞추고 버무려 소독된 항아리에 넣어 6개월 이상 숙성시킨다.

Check Point

천일염은 3년 이상 된 것으로 세척된 것을 사용한다.

Note

장 류

청국장

Story Telling

청국장 : 제조방식에 따라 재래식 청국장과 생청국장이 있다. 재래식은 일반균이 포함될 수 있어 끓여서 먹도록 하고 생청국장은 샐러드나 생으로 먹는 것이 효과가 좋다. 고혈압 · 고지혈증 · 당뇨 · 비만 · 변비 · 골다공증 · 피부노화 등을 예방할 수 있는 좋은 식품으로, 된장을 대용할 수 있고 꾸준하게 먹는 것이 건강에 좋다.

06

재료 및 분량

대두 1kg
천일염 50g
고춧가루 30g
다진마늘 100g

만드는 방법

1. 콩불리기 – 봄 · 가을엔 24시간, 여름에는 12시간, 겨울에는 36시간 정도 불린다.
2. 콩삶기 – 약불로 2시간가량 삶아 준다.
3. 콩발효 – 보온통이나 스티로폼 박스에 넣어 45℃ 정도에서 3일 동안 발효시킨다.
4. 청국장 양념 – 절구에 콩을 찐 후 천일염, 고춧가루, 다진마늘을 넣어 섞는다.

Check Point

콩을 발효할 때 일정한 온도를 유지하는 것이 좋다.

Note

간장

Story Telling

숯 : 정화를 하는 기능으로 잡냄새와 균을 예방하는 효과가 있다. 참숯을 사용하면 좋고 강도가 단단한 것을 활용한다.

대추 : 자손의 번창을 의미하고 큰행사에 복을 기원하는 데 사용하였으며 음식에서는 독성분을 중화하고 잡냄새를 흡수하는 효과가 있다.

고추 : 붉은색은 잡귀를 쫓는 의미로 신성시하는 장항아리 주변에 숯과 함께 금줄을 이어서 달아 두기도 하고 장속에 넣어 맛을 내는 역할도 한다.

07

재료 및 분량

메주 5kg
천일염 3kg
숯 100g
대추 10개
정수물 10L
소금염도계

만드는 방법

1. 메주는 깨끗하게 씻어 하루 정도 햇볕에 말린다.
2. 정수물에 소금을 타서 염도 18~20도를 맞춘다.(1월 18도, 2~3월 20도)
3. 항아리는 끓는 물에 소독하고 한지나 숯을 구워 안쪽을 소독하고 햇볕에 말린다.
4. 항아리에 메주를 담고 소금물을 부어 준다.
5. 숯을 구워서 넣고 대추, 마른고추를 넣어 준다.
6. 60일 정도 숙성시킨 후 간장과 된장을 분리한다.
7. 위에 뜬 곰팡이들은 제거하고 다시 걸러 불에 올려 끓인다.
8. 완전히 식힌 후 소독된 항아리에 넣어 발효한다.

Check Point

끓인 간장은 소독된 면보로 걸러 항아리에 넣고 햇볕이 잘 들도록 한다.

Note

장 류

조림간장

Story Telling

계피 : 계수나무 껍질을 말린 계피는 향신료로 사용되며 약재로도 쓰여 왔다. 한방에서 땀 조절과 몸의 찬기를 없애고 다른 약재가 몸에 잘 퍼지도록 하는 효능으로도 사용하였다. 생강과 같이 차나 요리에 사용하면 상승효과가 있다.

감초 : 약의 효능을 증가시키고 독성을 없애주는 기능이 강하며 단맛은 천연의 단맛으로 쓴맛을 잡아주며 음식의 감칠맛을 내는 역할을 한다.

08

재료 및 분량

양조간장 1L
설탕 300g
정종 400mL
다시마 5g
국멸치 30g
마른고추 3개
생강 30g
계피 5g
감초 2g
셀러리 1대
레몬 1개
사과 1개

만드는 방법

1. 다시마 · 국멸치 · 셀러리 · 마른고추 · 생강편 · 정종 100mL를 넣어 육수를 끓인다.
2. 양조간장과 1.의 육수 400mL · 정종 300mL · 설탕 · 계피 · 감초를 넣어 중약불에서 끓인다.
3. 레몬과 사과는 얇게 썰어 둔다.
4. 끓인 간장을 식힌 후 썰어 놓은 레몬과 사과를 간장에 넣어 준다.
5. 1일 정도 지난 후 레몬과 사과는 걸러주고 간장은 소독된 통에 넣어 냉장보관한다.

Check Point

조림간장은 나물무침이나 조림에 활용하고 20일 먹을 정도만 만들어 보관한다.

Note

찬품류

호두콩조림

Story Telling

껍질까지 있는 호두는 외피가 깨끗하고 골이 얕은 것이 좋은 호두이며, 알호두는 속피가 노랗고 윤기가 있으며 외관이 깨끗한 것이 좋다.

01

재료 및 분량

호두 70g
생 땅콩 70g
불린흑태 70g
호박씨 10g
참기름 2g
통깨 약간

양념장
간장 2큰술
맛술 1큰술
청주 1큰술
물엿(꿀) 1큰술
설탕 1큰술
물 2/3컵

만드는 방법

1. 끓는 물에 호두를 넣고 살짝 데친 후 물기를 뺀다.
2. 팬에 생 땅콩을 살짝 볶은 후 껍질을 벗긴다.
3. 불린콩을 냄비에 붓고 물을 1.5배 정도 부어 삶는다.
4. 냄비에 양념장을 넣고 끓으면 호두 · 땅콩 · 흑태를 넣고 끓이다가 꿀과 참기름을 넣고 조린다.
5. 완성된 조림에 깨를 뿌린다.

Check Point

땅콩이나 호두 등과 같은 견과류는 조리기 전에 살짝 삶거나 팬에 노릇하게 볶은 후 사용하면 특유의 비린맛을 제거할 수 있다.

Note

꽃게장

Story Telling

꽃게장은 전라남북도 향토음식으로 '밥도둑'이라 불릴 정도로 맛이 좋으며, 꽃게는 살아 있는 것을 게딱지와 다리를 문질러 가며 씻어서 물기를 빼고, 게의 등딱지를 떼고 배쪽을 반으로 썬 다음, 집게발을 떼고 다시 반으로 잘라 양념장에 무쳐 하루쯤 두었다가 먹는다.

02

재료 및 분량

꽃게 1kg
청고추 3개
홍고추 1개
실파 30g

양념장
간장 1/4컵
고운고춧가루 2/3컵
간마늘 1/4컵
간생강 1/4컵
정종 2큰술
물엿 $1\frac{1}{2}$컵
소금 2큰술
건고추 4개

만드는 방법

1. 꽃게는 솔로 깨끗이 문지르고, 다리 끝부분과 집게부분을 잘라 낸다. 등딱지를 떼어낸 후, 입부분과 모래주머니, 아가미를 떼어내고 4등분한다.
2. 건고추는 물에 불려 갈아 준다.
3. 2.와 나머지 재료를 넣고 양념장을 만든다.
4. 청 · 홍 고추는 어슷 썰고, 실파는 3cm로 썬다.
5. 손질한 꽃게에 양념장을 넣고 무친다.

Check Point

냉동꽃게일 경우 정종과 고춧가루를 뿌려 체에 밭쳐 놓는다.
양념게장은 보통 살이 많은 수꽃게로 많이 한다.

Note

찬품류

뱅어포구이

Story Telling

뱅어는 살이 투명한 생선으로, 한자로 白魚(백어)라 썼고 이 백어가 '뱅어'로 변하여 불리우게 되었다. 칼슘이 풍부한 뱅어포는 칼슘과 단백질이 다량 함유되어 있는 파래와 함께 먹으면 좋고, 잔멸치나 새우보다 칼슘 함량이 높으므로 뼈 건강에 좋다. 골다공증예방을 위해 즐겨 먹는다.

03

재료 및 분량

뱅어포 4장
김 4장
식용유 3큰술

양념장
고추장 2큰술
파 1작은술
마늘 1작은술
간장 1작은술
청주 1큰술
설탕 1큰술
물엿 1큰술
참기름 2작은술
깨소금 1작은술
후춧가루

만드는 방법

1. 뱅어포는 잡티를 털어내고 젖은 면보로 닦아 수분을 준다.
2. 양념장을 고루 섞어 놓는다.
3. 도마에 불린 뱅어포를 깔고 양념장을 골고루 발라 준다(뱅어포–양념장–김–양념장).
4. 열이 오른 팬에 기름을 두르고 뱅어포를 타지 않도록 앞 · 뒤로 구워 낸다.

Check Point

색이 하얗고 두꺼운 것이 씹는 맛이 좋으며, 냄새가 없는 것을 고른다.
석쇠에 뱅어포만 구울 때는 두 장씩 겹쳐서 구워 준다.

Note

찬품류

연금조림

Story Telling

연근(蓮根)은 연꽃의 뿌리로 식용하며, 칼로리가 낮고 철분과 비타민 C가 풍부하여 다이어트에 좋다.

04

재료 및 분량

연근 300g
식초 1큰술
물 2컵

양념장
간장 4큰술
설탕 3큰술
물 $1\frac{1}{2}$컵

마늘 3톨
통후추 5알
건고추 2개
생강 1톨

전체양념
참기름 1작은술
깨소금 1/2작은술

만드는 방법

1. 연근은 너무 굵지 않은 것으로 껍질을 벗기고 0.3cm 두께로 썰어 식초물에 담가 둔다.
2. 1의 연근을 끓는 물에 삶는다.
3. 향미채소들과 함께 분량대로 양념장을 섞어 만든다.
4. 3의 양념장에 2의 연근을 넣고 졸인다.
5. 4가 거의 다 조려졌을 때 참기름, 깨소금으로 전체 양념을 하여 그릇에 담아 낸다.

Check Point

연근은 껍질을 벗기고 3~5mm의 두께로 썰고 나서 식초물에 넣어 색이 변하는 것을 막는다.(산화효소가 물에 녹아 갈변작용을 중지시키기 때문)

Note

찬 품 류

연근견과류 소스 샐러드

Story Telling

연근 : 가을철의 뿌리채소로 섬유질 · 비타민 · 무기질이 풍부하고 진정작용 · 신경과민이나 스트레스 · 우울증에 도움이 된다. 뼈의 건강과 피부건강에도 도움을 주며 해독작용, 노화방지 등 건강을 위한 식품이다.

견과류 : 불포화지방산이 많아 혈중 콜레스테롤을 낮추고 동맥경화 등 성인병을 예방하며, 비타민 E는 항산화작용을 하여 노화를 방지한다.

05

재료 및 분량

연근 200g
호두 100g
땅콩 50g
새싹채소 50g

양념장
호두 20g
땅콩 20g (볶은것)

간장 1작은술
꿀 1큰술
식초 1작은술
매실청 1큰술
소금 소량

만드는 방법

1. 연근은 0.3cm 두께로 썰어 물에 넣어 5분 정도 삶아 준다.
2. 연근과 새싹채소는 얼음물에 담갔다가 건져 물기를 제거한다.
3. 땅콩과 호두는 팬에 넣어 노릇하게 볶아 준다.
4. 땅콩은 다져서 준비한다.
5. 양념은 믹서기에 넣어 곱게 갈아 준다.
6. 연근과 호두를 견과류 소스에 버무린다.
7. 새싹채소와 버무린 재료를 담고 다진 땅콩을 위에 올린다.

Check Point

견과류는 먹기 전에 볶아 사용하는 것이 고소하다.

Note

찬품류

은이버섯새우샐러드

Story Telling

은이버섯 : 무기질과 비타민 D가 풍부하며 골다공증 · 변비 · 피부미용에 좋고 당뇨와 비만에 효력이 있다.
새우 : 칼슘이 풍부하고 카로틴 성분이 비타민 A로 전환되어 면역력 증강과 골다공증예방 및 콜레스테롤 수치를 낮춰 주는 기능이 있다.

06

재료 및 분량

은이버섯 20g
대하 200g
오이 1개
홍고추 1개
청고추 1개
레몬 1쪽
정종 1작은술

양념장
오이즙 2큰술
레몬식초 1큰술
꿀 2큰술
포도씨유 1큰술
다진마늘 1큰술
소금 소량

만드는 방법

1. 은이버섯은 따뜻한 물에 불려 부드럽게 준비한다.
2. 오이는 어슷 썰어 준다.
3. 버섯과 오이는 얼음물에 담가 식감을 차게 준비한다.
4. 홍고추와 청고추는 다진 후 양념에 섞어 냉장고에 넣어 차게 준비한다.
5. 대하는 끓는 물에 정종과 레몬 1쪽을 넣어 데친 후 찬물에 담갔다 껍질을 제거한다.
6. 은이버섯 · 오이 · 대하를 먹기 전 양념에 버무린다.

Check Point

은이버섯은 육류와 볶음요리를 하면 좋다.

Note

찬품류

검은깨소스 버섯구이샐러드

Story Telling

검은깨 : 비타민 B_1 · 비타민 B_2 · 비타민 E · 칼슘 · 셀레늄 · 단백질이 풍부해 신체 노화방지, 뇌기능 활성화 및 피부미용에 효과가 좋고 콜레스테롤예방과 탈모예방에도 도움을 준다.

버섯 : (표고) 중국 문헌에도 약으로 활용되었으며 단백질 · 무기질 · 비타민 D 등 다양한 영양소와 구아닐산이 풍부하여 천연 조미료 역할을 하고 식감이 좋아 육류대용으로 요리에 활용된다.

(새송이) 개발종 버섯으로 각종 비타민 · 무기질 · 섬유질이 풍부하고 요리에 다용도로 활용이 가능하다.

07

재료 및 분량

새송이 150g
표고버섯 4개
어린잎채소 20g

양념장
볶은검은깨 10g
참기름 1큰술
간장 1작은술
꿀 1큰술
매실청 1작은술
물 2큰술
소금 소량

만드는 방법

1. 새송이는 세로로 3등분하고 표고는 꼭지를 뗀 후 오븐이나 석쇠에 굽는다.
2. 어린잎채소는 씻어 물기를 제거한다.
3. 구운 버섯은 먹기 좋게 썰어 준다.
4. 양념은 믹서기에 넣어 곱게 갈아 준다.
5. 버섯과 어린채소잎을 접시에 담고 검은깨 소스를 위에 올린다.

Check Point

버섯은 올리브오일을 두르고 오븐에 구워서 사용해도 좋다.

Note

찬 품 류

홍시인삼채 샐러드

Story Telling

인삼 : 신농본초경에 의하면, 인삼의 효능은 오장의 기운을 왕성하게 하여 몸을 따뜻하게 하고 원기를 보한다고 한다. 5000년 넘게 인삼은 불로장생의 영약이나 약재로 활용되었으며, 암세포 발육 억제작용에 효력이 있음이 증명되었고 면역력 증강에도 도움을 준다.

홍시 : 비타민 A · 비타민 C · 식이섬유가 풍부해 야맹증과 안구건조증 및 피부질환에 좋고 루틴이라는 성분이 있어 지혈작용과 혈압을 내리는 역할을 하고, 탄닌 성분은 배탈이나 설사를 멎게 하고 피부를 탄력 있게 한다.

08

재료 및 분량

인삼 3개
대추 4개
오이 1/2개
잣 10g

양념장
홍시 1개
매실청 1큰술
꿀 1큰술
소금 소량

만드는 방법

1. 인삼 · 대추 · 오이는 두께 0.3cm, 길이 3cm로 썰어 준다.
2. 홍시는 껍질과 씨를 제거하고 매실청 · 꿀 · 소금 소량을 넣어 섞어 체에 내린다.
3. 홍시 소스는 냉동실에 넣어 30분 정도 두었다 먹기 전 무침한다.

Check Point

홍시는 하나씩 밀봉하여 냉동실에 보관하여 후식이나 소스에 활용하면 좋다.

Note

찬 품 류

보양진피죽순채무침

Story Telling

진피 : 비타민과 기질이 풍부해 감기예방에 좋으며 고기의 비린내와 독을 푸는 데 사용된다.

죽순 : 동의보감에 맛이 달고 찬 성질을 가지고 있어 번열과 갈증해소 및 원기회복에 복용하였다고 한다. 단백질 · 비타민 K가 섬유질이 풍부하여 심신정화 · 변비치료에 효능이 있으며, 특히 나트륨흡수를 조절하는 역할로 고혈압과 당뇨 환자에게 도움을 줄 수 있는 식품이다.

09

재료 및 분량

죽순 200g
진피 10g
소고기 100g
미나리 30g
숙주 30g
대추 4개
검은깨 소량
참기름 1큰술

양념장
간장 2큰술
양파청 1큰술
다진마늘 1작은술
다진파 1작은술
참기름 1작은술
깨소금 소량

만드는 방법

1. 손질한 죽순은 끓는 물에 데친 후 물기를 제거한다.
2. 소고기는 채 썰어 양념 1/2에 무친다.
3. 미나리 숙주는 손질하여 끓는 물에 데친다.
4. 대추는 채 썰어 준비한다.
5. 진피는 미지근한 물에 살짝 불린다.
6. 팬에 미나리 숙주 · 죽순 · 소고기를 각각 볶는다.
7. 볼에 재료를 넣고 남은 양념장에 버무린다.

Check Point

당면을 삶아 잡채로 요리해도 좋다.

Note

찬 품 류

멍게무침

Story Telling

멍게 : 입안에 쌉쌀하면서도 달콤한 맛을 내는 멍게는 6~8월이 제철이며 우렁쉥이라고 불리운다. 불포화 알코올인 신티올이라는 성분이 숙취 해소에 좋고 천식, 기침에도 효능이 있으며, 바나듐이란 성분이 혈관계질환을 개선해 주고 프라스마로겐 성분은 노인성 치매예방에 효능이 있다.

10

재료 및 분량

활멍게 5개
미나리 20g
사과 1/2개
양파 1/4개
홍고추 1개

양념장
고추장 1큰술
매실액 1큰술
물엿 1큰술
식초 1작은술
다진마늘 1작은술
통깨 1작은술

만드는 방법

1. 멍게는 손질하여 찬물에 15분 정도 담가 짠기를 뺀다.
2. 미나리 · 사과 · 양파 · 홍고추는 썰어 준비한다.
3. 양념장을 만들어 멍게 · 미나리 · 사과 · 양파 · 홍고추를 넣어 무친다.

Check Point

멍게는 싱싱한 것을 준비하고 짠기를 뺀 후 무침을 해야 맛이 좋다.

Note

찬 품 류

매생이청포묵

Story Telling

매생이 : 철분과 칼슘, 요오드 등 각종 무기염류와 비타민 A, 비타민 C가 많고 식이섬유 함량이 높아 섭취하면 포만감과 변비예방에 도움을 준다. 골다공증예방, 위궤양, 숙취해소에도 좋은 식품이다.

청포묵 : 단백질이 풍부하고 류신, 라이신, 발린 등 필수아미노산의 함량이 풍부하여 성장발육 · 골다공증예방 · 아토피 · 피부미용 등에 효과적이고 칼로리가 낮아 비만에도 저칼로리식으로 좋다.

11

재료 및 분량

청포묵분말 1컵
물 7컵
매생이 100g
천일염 1작은술

양념장
간장 1큰술
매실청 1작은술
다진마늘 1작은술
고춧가루 1작은술
다진영양부추 1작은술
참기름 1작은술

만드는 방법

1. 청포묵 분말에 7배의 정수물을 넣어 30분가량 불린다.
2. 불에 올려 중불에서 저어주며 풀을 쑨다.
3. 매생이는 소금물에 여러 번 씻어 물기를 제거하고 여러 번 등분한다.
4. 청포풀이 바글바글 끓으면 불을 약불로 하고 20분가량 저으며 찰기가 있도록 풀을 쑨다.
5. 소금간을 하고 매생이를 조금씩 넣어 청포풀에 섞어준다.
6. 틀에 넣어 식힌다.
7. 양념장을 만든 다음, 먹을 때 곁들인다.

Check Point

묵을 만들 때는 6~7배의 물을 사용하는데 분말에 따라 차이가 있다.

Note

찰옥수수와 콩샐러드

Story Telling

찰옥수수 : 피부의 건조와 피부습진 등 저항력을 높여 주며 인사돌과 덴타놀 성분이 충치예방을 하고, 섬유질이 풍부하여 대장의 연동운동을 촉진하여 변비예방에 도움을 준다. 옥수수 수염은 말려서 차로 음용하면 이뇨작용 혈압개선 피부질환에 도움을 준다.

강낭콩 : 단백질과 아미노산은 간세포를 재생하는 효능이 있고 불면증치료에 도움을 주며 불포화지방산이 풍부하여 콜레스테롤 수치를 낮춰 주고 씨눈부위에 아연이 함유되어 당뇨병 치료에도 도움을 준다. 섬유질이 풍부해 변비개선에도 좋다.

12

재료 및 분량

거피찰옥수수 1컵
생강낭콩 1/2컵
생검은콩 3큰술
마요네즈 1큰술
설탕 1/2큰술
소금 소량

만드는 방법

1. 찰옥수수는 4시간가량 물에 불린다.
2. 5컵의 물을 넣고 찰옥수수를 중불에 올려 끓인다.
3. 찰옥수수가 익으면 검은콩과 강낭콩을 넣어 함께 삶는다.
4. 물기가 없도록 삶은 후 볼에 넣어 식힌다.
5. 뜨거운 열기가 빠지면 마요네즈 · 설탕 · 소금 소량을 넣어 버무린다.

Check Point

계절에 따라 옥수수를 충분히 불린 후 삶아야 부드럽다.

Note

육포

Story Telling

쇠고기를 장시간 보관하여 먹기 위해 만들었던 육포는, 참기름을 바르고 말리는 반복적인 과정을 통하여 고소한 맛을 만들어 낼 수 있다. 육포는 귀한 음식이라 예전부터 폐백음식으로 많이 사용한다.

01

재료 및 분량

쇠고기(홍두깨살) 1kg
청주 1/4컵
설탕 2큰술

육수
물 3컵
양파 200g
대파 1/4뿌리
마늘 3쪽
생강 10g
배 100g

양념장
육수 2컵
간장 160cc
물엿(꿀) 80cc
청주 $1\frac{1}{2}$큰술
후춧가루

만드는 방법

1. 쇠고기를 결 방향으로 길이 두께 0.5cm 정도로 자르고 기름기와 힘줄을 떼어낸다.
2. 쇠고기에 청주와 설탕을 고루 뿌려서 30분 정도 둔다
3. 면보에 쇠고기를 올려 핏물을 뺀다.
4. 향채는 깨끗이 씻는다.
5. 냄비에 향채와 물을 넣고 끓여 체에 걸러 식힌다.
6. 끓여 식힌 육수에 나머지 양념장 재료와 소고기를 넣고 양념이 잘 배도록 주물러 1시간 재워 둔다.
7. 쇠고기를 채반에 펴서 뒤집어가며 이틀 정도 반듯하게 말린 후, 켜켜이 쌓아서 무거운 것으로 눌렀다가 다시 채반에 펴서 말린다.

Check Point

육포는 보통 간장(진간장)으로 간을 하는데, 소금간을 한 것은 염포라고 하며, 지방분이 적고 살코기가 길게 연결된 두툼한 육포가 좋은 육포이다. 육포가 바싹 마르기 전에 포의 끝을 잘 펴서 차곡차곡 싼 다음에 무거운 것으로 눌러서 하루쯤 두어 편편하게 한다.

Note

김장아찌

Story Telling

남도지방에서 즐겨 먹던 음식으로, 김을 간장에 담가 먹는 장아찌이다. 추운 겨울에 나는 김으로 만들어 이른 봄에 먹는다.

02

재료 및 분량

김 10장
밤 1개
대추 2개
생강

양념장
간장 120mL
설탕 70mL
식초 70mL
다시마국물 240mL
마늘 1개
건고추 1개
통후추 10알

만드는 방법

1. 김밥용 김은 10장씩 겹쳐 8등분한다.
2. 냄비에 분량의 재료를 넣고 조림장을 끓여 식힌다.
3. 밤 · 대추 · 생강은 곱게 채 썬다.
4. 준비된 고명을 김 사이사이에 넣고 조림장을 붓는다.

Check Point

김에 붓는 양념장은 완전히 식혀서 부어야 김이 녹아내리지 않는다.

Note

장아찌류, 김치류

어리굴젓

Story Telling

충청도 향토음식으로 생굴에 소금과 고춧가루를 버무려 담근 젓갈이다.

잘게 썬 무와 파, 마늘, 생강을 넣어 담그는 어리굴젓은 담근지 열흘 정도 지나면 물이 많이 나오고 시큼해진다. 요즘 가정에서는 신선한 생굴에 무나 다른 채소를 넣고 무쳐서 바로 굴회처럼 먹기도 한다.

03

재료 및 분량

생굴 500g
대파 50g
밤 3개

양념장
건고추 2개
무 30g
양파 30g
고운고춧가루 4큰술
다진마늘 2작은술
다진생강 1/2작은술
소금 1작은술
설탕 1/4작은술
통깨 1작은술

만드는 방법

1. 굴은 알이 작고 싱싱한 것으로 고른 다음, 소금물에 흔들어 씻어 밑소금을 뿌려 놓는다.
2. 무와 양파 및 불린 건고추는는 믹서에 물 2큰술을 넣고 곱게 간 다음, 고춧가루를 푼 후 나머지 양념을 모두 넣고 섞는다.
3. 밤, 대파는 3cm 크기로 길고 가늘게 채 썬다.
4. 굴에 2의 양념과 밤채 · 대파 · 통깨를 넣고 부서지지 않도록 잘 버무린다.

Check Point

싱싱한 굴에 갖은 양념과 채소를 넣어 무칠 경우는 채소와 굴에서 물이 생길 수 있으므로 먹기 직전에 무쳐야 한다. 어리굴젓은 겨울철 별미이다.

Note

장아찌류, 김치류

간장게장

Story Telling

전통적으로 간장을 사용해서 담근 게장에는 민물게인 참게를 이용하고, 바닷게인 꽃게는 주로 양념게장 · 찜 · 탕 등으로 조리한다. 간장게장에 사용하는 꽃게는, 3월과 4월에 잡은 배꼽이 둥근 암꽃게를 사용하여 담근다. 암꽃게는 살이 부드럽고 비린내가 없으며 알이 차 있어 간장게장을 담그면 맛이 좋다.

04

재료 및 분량

게(참게 또는 꽃게) 1kg
청양고추 4개

양념장
간장 1컵
물 3컵
설탕 1/4컵
청주 1/4컵
다시마(10x10) 1장
건고추 2개
양파 1/개
대파 1뿌리
월계수잎 2장
통후추 1큰술
생강 50g
마늘 50g

만드는 방법

1. 게는 무거운 것으로 골라 깨끗이 손질한다.
2. 양념재료 모두에 물을 부어 양념 맛이 우러나도록 약한불에서 끓여 식혀 준다.
3. 밀폐용기에 청양고추와 손질한 게를 등딱지가 아래로 향하게 놓고 식힌 간장을 건더기째 모두 붓는다. 짜지 않은 간장이므로 냉장고에 넣었다가 2~3일째부터 먹는다.

Check Point

하루 정도 지나면 먹을 수 있으나 이틀째가 맛있으며, 오래 두고 먹을 경우는 게만 건져 하나씩 포장하여 냉동실에 넣어 두고 꺼내 먹는다.
게장 담갔던 간장물은 장조림이나 물김치 담글 때 쓰면 좋다.

Note

장아찌류, 김치류

가자미식해

Story Telling

가자미로 만든 식해로 함경도지방 향토음식이다. 동해안의 노랑가자미와 좁쌀을 이용한 저장식품으로, 가자미와 조밥 및 소금 · 고춧가루 · 엿기름을 섞어 담그는 점이 특성이다.

05

재료 및 분량

가자미 300g
메좁쌀 50g
무 50g

양념장
고운고춧가루 7큰술
가라앉힌 엿기름물 70cc
(엿기름 1/4컵, 물 1/2컵)
설탕 1큰술
다진생강 1작은술
다진마늘 1큰술
소금 2½작은술

만드는 방법

1. 손바닥 크기의 참가자미를 골라 깨끗이 씻은 후에 소금을 뿌린다. 바람이 잘 통하는 서늘한 곳에서 하루 정도 꾸덕꾸덕 말린다.
2. 1을 뼈째 4×0.3cm로 채 썰고, 무도 4×0.3×0.3cm로 썰어 소금에 절인 후 물기를 꼭 짠다.
3. 메조는 씻어 고슬고슬하게 밥을 짓는다.
4. 엿기름은 물 1/2 컵에 불려 2~3회 비벼 씻은 후 3~4시간 담갔다가 엿기름 윗물만 받아 놓는다. 이것을 10여 분 끓인 뒤 식혀서 국물을 준비한다.
5. 4.의 물에 양념을 섞어 2, 3.을 넣어 고루 버무린 다음, 항아리에 꼭꼭 눌러 담는다.
6. 5.를 실온에 하루 두어 냉장고에 보관하고, 다음날부터 먹는다.

Check Point

가자미 외에 생태, 도루묵으로도 식해를 만든다.
밥을 지을 때는 반드시 메좁쌀로 짓고 메좁쌀에는 돌이 많으므로 깨끗이 손질한다.

Note

장아찌류, 김치류

오이소박이

Story Telling

오이소박이는 봄부터 여름에 걸쳐 먹는 별미 김치로 오이에 부추가 더해지면 오이가 쉽게 쉬는 것을 방지해줄 뿐 아니라 영양도 배가 된다.

06

재료 및 분량

오이 10개
굵은소금 1/2컵
(80g)물 3L
부추 50g
쪽파 20g

양념장
다진마늘 1큰술
설탕 1/2작은술
생강 1/2작은술
새우젓 2작은술
고춧가루 1/4컵

만드는 방법

1. 오이는 씻어 4cm로 잘라 1/3 정도 십자로 칼집을 넣는다.
2. 3시간 정도 소금물에 절이는데, 뜨지 않게 무거운 것으로 눌러 준다.
3. 부추와 쪽파는 송송 썰고 마늘 · 설탕 · 생강 · 새우젓 · 고운고춧가루를 섞어 소를 만든다.
4. 오이가 부드러워질 정도로 절인 후, 체에 받쳐 물기를 꼭 눌러 준다.
5. 십자로 칼집 낸 오이에 만들어 놓은 양념소를 적당히 넣고, 겉은 남아 있는 양념으로 버무려 항아리에 꼭꼭 눌러 담는다.

Check Point

담백하고 산뜻한 맛이 나도록 젓갈을 넣지 않는 것이 좋다.
반나절 정도 실온에서 익혔다가 용기에 넣어 냉장보관한다.

Note

장아찌류, 김치류

미니롤 보쌈김치

Story Telling

여러 가지 소를 넣고 배춧잎으로 보자기 싸듯 싸서 만든 개성지방의 향토음식으로, 보쌈김치는 '쌈[褓(보)]김치'라 한다.

07

재료 및 분량

배춧잎 300g
소금 70cc
물 80cc
배추 200g
무 80g
미나리 20g
쪽파 30g
배 50g

산낙지 50g
굴 30g
석이버섯 10g
깐밤 5개
대추 4개
실백 1큰술
실고추

양념장
고춧가루 1/2컵
새우젓 1큰술
설탕 1큰술
다진마늘 1작은술
다진생강 1/4작은술
통깨 1작은술
양파즙 2큰술

만드는 방법

1. 배춧잎은 손바닥 크기로 썰어 소금물에 절인다.
2. 배추의 줄기와 무는 1.5×1.5×0.2cm 크기로 썰어 소금에 절인다.
3. 미나리, 실파는 손질하여 1cm 길이로 썬다.
4. 배, 밤은 껍질을 벗겨 무와 같은 크기로 썬다. 대추는 씨를 빼서 채 썰고, 석이버섯은 손질 후 곱게 채 썬다.
5. 낙지는 손질하여 소금으로 주물러 씻어 2cm 길이로 자른다.
6. 마늘, 생강, 새우젓은 곱게 다진다.
7. 2.의 물기를 짜서 고춧가루, 설탕으로 버무리고 4.의 배와 3, 5, 6.을 섞어 양념한다.
8. 1.의 배추는 물기를 짜서 바닥에 깔고 7.의 버무린 양념을 그 위에 올린다.
9. 밤, 대추, 석이버섯, 실백을 보기 좋게 올려 싼다.

Check Point

해물과 과일이 들어간 김치이므로 오래 보관하면 맛이 떨어진다.

Note

장아찌류, 김치류

장김치

Story Telling

젓갈이나 소금, 고춧가루를 전혀 쓰지 않고 진간장만으로 간을 맞춘 김치를 장김치라고 하며, 일반 김치가 소금과 채소가 발효되어 익은 맛이라면 간장국물과 채소가 합해져서 발효된 맛이라 김치 맛이 색다르다.

08

재료 및 분량

배추속대 200g
무 200g
미나리 30g
갓 20g
건표고버섯 2장
석이버섯 2g
배 100g

밤 5개
대파 1뿌리
마늘 10g
생강 5g
잣 1큰술
홍고추 1개

양념장
간장 5큰술
설탕 1/3큰술(매실청 1큰술)
소금 $1\frac{1}{3}$큰술
물 4컵

만드는 방법

1. 배추와 무는 가로 2.5cm, 세로 3cm 크기로 나박썰기하고, 간장에 30분 정도 절인다.
2. 밤과 배는 무와 같은 크기로 납작하게 썬다.
3. 미나리와 갓은 2cm 길이로 썬다. 대파 · 마늘 · 생강도 채 썬다.
4. 표고버섯과 석이버섯은 손질하여 채 썰고, 홍고추는 씨를 제거한 후 채 썬다.
5. 절인 무와 배추의 간장을 따라내고, 준비한 재료를 넣고 버무린 후 항아리에 담는다.
6. 따라 놓은 간장물에 물을 보충하고 설탕과 간장으로 간을 맞추어 붓는다.

Check Point

장김치는 떡을 주로 한 주안상이나 떡국상에 특히 잘 어울린다.
모든 재료를 살살 버무려 국물이 걸쭉해지지 않도록 주의하고, 설탕간을 너무 일찍 하면 국물이 탁해진다. 2~3일 후면 먹을 수 있다.

Note

장아찌류, 김치류

나박김치

Story Telling

대표적인 물김치로 봄철에 많이 먹으며 나박김치는 무와 배추의 시원한 맛이 좋다.

09

재료 및 분량

무 100g
(소금 1작은술)
배추속대 500g
(소금 1큰술)
생수 17컵
소금 5큰술

오이 100g
대파 50g
미나리 40g
풋고추 40g
배 100g
마늘 50g

생강 10g
양파 200g
고운고춧가루 $2\frac{1}{2}$큰술
신화당 1/8작은술
찹쌀풀(찹쌀가루 70cc : 물1컵)

만드는 방법

1. 무는 1.5~2cm로 얇게 썰어 1작은술의 소금으로 30분 동안 절인다.
2. 배추도 1.5~2cm 크기로 자르는데, 굵은 속대는 한번 더 얇게 포 떠서 잘라 주고, 잎은 속대보다 조금 크게 자른 후 1큰술의 소금으로 30분 동안 절인다.
3. 깨끗이 씻은 오이 · 대파 · 풋고추는 어슷 썰고 미나리는 2등분해서 양파망에 넣는다.
4. 배, 마늘, 생강, 양파를 물 $2\frac{1}{2}$컵과 함께 믹서에 곱게 간다.
5. 찹쌀가루와 물을 1:3으로 준비하여 풀을 쑨 다음 식힌다.
6. 절인 무와 배추를 3번 정도 씻어서 물기를 뺀다.
7. 절인 배추와 무를 큰 그릇에 넣고 믹서에 간 채소와 고춧가루 및 풀에 물을 조금씩 부어 가며 고운체에 내린다. (단맛-신화당 첨가)
8. 양파망(오이, 대파, 미나리, 풋고추)을 넣고 실온에서 1일 정도 보관한 후 냉장고에서 3~4일 정도 익힌다.

Check Point

젓갈을 쓰지 않으며 배추나 무 등 주재료와 국물에 모두 간을 해야 김치가 물러지지 않는다.
김치국물이 걸쭉해지는 것은 무의 전분 · 설탕 · 양념의 진이 생기기 때문이다.

Note

장아찌류, 김치류

양배추김치

Story Telling

양배추김치는 비타민이 풍부한 음식이지만, 담그고 며칠 지나면 시어지므로 빠른 시일 안에 먹는 것이 좋으며, 강원도 정선지방에서 많이 담가 먹는다.

10

재료 및 분량

양배추 530g
깻잎 20장
적채 200g
소금 3큰술
물 6컵

양념장
식초 1컵
설탕 1컵
소금 3~4큰술
물 4컵
감초 1조각

만드는 방법

1. 양배추는 뿌리를 도려내고 겉잎을 3~4잎가량 떼어낸다.
2. 양배추 큰 것은 4쪽, 작은 것은 2쪽으로 쪼갠다.
3. 소금물에 양배추를 적셔 큰 그릇에 담고 8시간 절인다. 절이는 중간에 아래위를 뒤적여 고루 절여지도록 한다.
4. 깻잎은 씻어 소금에 살짝 절인다.
5. 절인 양배추잎 사이사이에 깻잎과 적채를 올려 통에 담는다.
6. 분량의 양념국물을 만들어 5에 붓고 냉장보관한다.

Check Point

양배추를 절일 때 겉잎을 맨 위에 덮어 윗부분이 노랗게 변하는 것을 막는다.
냉장고에서 2~3일 숙성 후에 먹는다.

Note

오징어젓갈

Story Telling

오징어젓갈은 6월~8월 오징어가 많이 잡히는 시기에 담는 것이 좋다.

11

재료 및 분량

오징어 2마리(몸통만) 500g

양념장
멸치액젓 2큰술
고춧가루 3큰술
물엿 1큰술
통깨 1작은술
청고추 2개
홍고추 1개
마늘 40g

만드는 방법

1. 물오징어를 손질하여 껍질을 벗긴 후에 굵게 채 썬다.
2. 물오징어를 멸치액젓에 5~6시간 절인다.
3. 청 · 홍고추, 마늘을 어슷하게 썬다.
4. 오징어 절인 멸치액젓에 양념재료를 넣고 절인 오징어, 청 · 홍고추, 통마늘, 통깨를 넣고 버무린 후 3~4일 숙성시킨다.

Check Point

멸치액젓 대신 소금으로 절이기도 한다(소금의 양은 재료의 20% 정도가 좋다).
실온에서 숙성 발효시킨다.

Note

고추장아찌

Story Telling

고추 : 고추에는 비타민류와 칼슘 · 칼륨 · 인 등 무기질이 풍부하고 비타민 C가 감귤이나 사과보다 다량 들어 있으며 매운맛 캡사이신은 인체의 항산화 항염작용을 한다. 매운맛 성분은 다이어트에도 효과가 있지만 과한 섭취는 위염을 유발할 수 있다.

12

재료 및 분량

풋고추 500g
간장 200mL
설탕 150g
식초(2배) 200mL
약초물 200mL

약초물 재료
감초 2개
황기 2뿌리
생강 30g
계피 2g
월계수잎 1장
물 1L

만드는 방법

1. 약초물을 30분가량 끓여 준비한다.
2. 풋고추는 깨끗하게 씻어 물기를 제거한다.
3. 냄비에 간장, 설탕, 약초물을 넣어 끓이고 식초를 넣어 한번 더 끓으면 식힌다.
4. 유리병을 소독하고 고추를 담아 둔다.
5. 60℃ 정도 식힌 양념을 고추에 부어주고 김이 다 나가도록 열어 둔다.
6. 완전히 식으면 뚜껑을 덮어 밀봉한다.
7. 2~3일(계절에 따라) 후에 양념을 따라 냄비에서 다시 한번 끓여 준다.
8. 완전히 식혀 양념을 부어주고 냉장보관한다.

Check Point

간장 대신 소금으로 간을 하여도 된다. 먹을 때 약간의 고추장 · 물엿 · 참기름에 버무려도 색다른 맛의 반찬이 된다.

Note

취나물장아찌

Story Telling

취나물 : 5월이 제철이며 독특한 향과 맛이 입맛을 살려 준다. 칼슘이 많고 비타민 A와 섬유질이 풍부하며 미역취 · 각시취 · 곰취 · 참취 · 개미취 · 단풍취 등 종류가 다양하다. 한방에서는 뿌리를 말려 혈액순환과 해독작용에 사용하였으며 인후염에도 효력이 있고 베타카로틴성분이 있어 항암작용에도 도움을 주며, 돼지고기를 먹을 때 함께 섭취하면 콜레스테롤 수치를 낮춰주는 작용도 한다.

13

재료 및 분량

취나물 200g
간장 100mL
설탕 150g
식초 200mL
소금 1큰술
청양고추 3개
약초물 250mL

약초물 재료
감초 2개
황기 2뿌리
생강 30g
계피 2g
월계수잎 1장
물 1L

만드는 방법

1. 약초물을 30분가량 끓여 준비한다.
2. 취나물은 깨끗하게 씻어 물기를 제거한다.
3. 냄비에 간장 · 설탕 · 소금 · 고추 · 약초물을 넣어 끓이고 식초를 넣어 한번 더 끓으면 식힌다.
4. 유리병을 소독하고 취나물을 담아 둔다.
5. 60℃ 정도 식힌 양념을 취나물에 부어 주고 김이 다 나가도록 열어 둔다.
6. 완전히 식으면 뚜껑을 덮어 밀봉한다.
7. 2~3일(계절에 따라) 후에 양념을 따라 냄비에서 다시 한번 끓여 준다.
8. 완전히 식혀 양념을 부어주고 냉장보관한다.

Check Point

취나물은 살짝 데친 후 나물로 해먹거나 육류요리에 쌈채소로 먹으면 좋다.

Note

장아찌류, 김치류

마늘장아찌

Story Telling

마늘 : 동의학 사전에 마늘의 효능을 '감기예방이나 기를 잘 돌게 하고 비위를 따뜻하게 하며 풍한을 없앤다' 고 기록하고 있다. 비타민이 풍부하고 스코르디닌이란 성분은 우리 몸에 강장효과를 주며 허약체질을 개선해 주고 피로회복, 동맥경화 개선, 항균작용 등을 한다.

14

재료 및 분량

마늘 500g
간장 100mL
설탕 150g
식초 200mL
소금 1큰술
약초물 200mL

약초물
감초 2개
황기 2뿌리
생강 30g
계피 2g
월계수잎 1장
물 1L

만드는 방법

1. 약초물을 30분가량 끓여 준비한다.
2. 마늘은 깨끗하게 씻어 물기를 제거한다.
3. 냄비에 간장 · 설탕 · 소금 · 약초물을 넣어 끓이고 식초를 넣어 한번 더 끓으면 식힌다.
4. 유리병을 소독하고 마늘을 담아 둔다.
5. 60℃ 정도 식힌 양념을 마늘에 부어 주고 김이 다 나가도록 열어 둔다.
6. 완전히 식으면 뚜껑을 덮어 밀봉한다.
7. 2~3일(계절에 따라) 후에 양념을 따라 냄비에서 다시 한번 끓여 준다.
8. 완전히 식혀 양념을 부어주고 냉장보관한다.

Check Point

간장 대신 소금으로 간을 하여도 된다.

Note

장아찌류, 김치류

깻잎장아찌

Story Telling

깻잎 : 본초강목에 깻잎은 위장을 튼튼하게 해주고 동의보감에서는 속을 고르게 편하게 한다고 쓰여 있다. 철분이 풍부하고 비타민과 무기질이 많다. 특히 양파와 섭취하면 위장에 좋고 영양의 궁합과 맛의 조화가 잘 이뤄진다.

15

재료 및 분량

깻잎 200g
간장 100mL
설탕 150g
식초 200mL
소금 1큰술
청양고추 3개
약초물 200mL

약초물
감초 2개
황기 2뿌리
생강 30g
계피 2g
월계수잎 1장
물 1L

만드는 방법

1. 약초물을 30분가량 끓여 준비한다.
2. 깻잎은 깨끗하게 씻어 물기를 제거한다.
3. 냄비에 간장 · 설탕 · 소금 · 고추 · 약초물을 넣어 끓이고 식초를 넣어 한번 더 끓으면 식힌다.
4. 유리병을 소독하고 깻잎을 담아 둔다.
5. 60℃ 정도 식힌 양념을 깻잎에 부어 주고 김이 다 나가도록 열어 둔다.
6. 완전히 식으면 뚜껑을 덮어 밀봉한다.
7. 2~3일(계절에 따라) 후에 양념을 따라 냄비에서 다시 한번 끓여 준다.
8. 완전히 식혀 양념을 부어주고 냉장보관한다.

Check Point

간장에 갖은 양념을 해서 즉석 장아찌를 만들어도 좋다.

Note

장아찌류, 김치류

명이장아찌

Story Telling

명이 : 산마늘로 불리고 울릉도나 강원도 산간지방에서 자라며 겨울에 먹을 것이 없던 사람들이 봄철에 명이를 먹고 기운을 내었다는 데서 명칭이 유래되었다. 비타민과 무기질이 풍부하며 혈관기능을 개선하고 식욕증진과 소화촉진에 효능이 있으며 항암효과 및 면역력 증진에 도움을 준다.

16

재료 및 분량

명이 200g
간장 100mL
설탕 150g
식초 200mL
소금 1큰술
약초물 200mL

약초물
감초 2개
황기 2뿌리
생강 30g
계피 2g
월계수잎 1장
물 1L

만드는 방법

1. 약초물을 30분가량 끓여 준비한다.
2. 명이는 깨끗하게 씻어 물기를 제거한다.
3. 냄비에 간장 · 설탕 · 소금 · 약초물을 넣어 끓이고 식초를 넣어 한번 더 끓으면 식힌다.
4. 유리병을 소독하고 명이를 담아 둔다.
5. 60℃ 정도 식힌 양념을 명이에 부어 주고 김이 다 나가도록 열어 둔다.
6. 완전히 식으면 뚜껑을 덮어 밀봉한다.
7. 2~3일(계절에 따라) 후에 양념을 따라 냄비에서 다시 한번 끓여 준다.
8. 완전히 식혀 양념을 부어주고 냉장보관한다.

Check Point

생으로 육류요리에 쌈채소나 샐러드로 활용해도 좋다.

Note

매실장아찌

Story Telling

매실 : 본초강목에 의하면 매실은 간과 담을 다스려(주독을 없애고 설사를 멈추게 하며 몸의 충을 없애고 독을 제거한다. 구연산, 사과산이 많아 피로회복에 좋고 유기산과 비타민은 피부미용에, 카테킨산은 장내의 살균작용으로 식중독예방에 도움을 주고 소화불량에도 효력이 있다.

그러나 덜 익은 매실은 독성을 가지고 있고 씨에는 아미그달린이란 독성이 있어 위염을 일으킬 수 있으므로 청이나 차로 만들어 먹어야 한다.

17

재료 및 분량

황매실 500g
유기농설탕 500g

양념장
고추장 1큰술
청 1큰술
참기름 1작은술
통깨 소량

만드는 방법

1. 매실은 깨끗하게 씻고 꼭지를 뗀다.
2. 6% 소금물에 1시간 정도 담근 후 물기를 제거한다.
3. 방망이로 두드리거나 칼로 씨를 분리한다.
4. 설탕에 버무려 소독된 유리병에 넣어 위에 설탕을 뿌리고 밀봉한다.
5. 15일 정도 청이 나올 정도가 되면 소독된 다른 통에 청을 덜어내고 냉장보관한다.
6. 먹기 전에 양념에 버무려 무친다.

Check Point

15일 후 매실을 건져 고추장에 버무려 보관해도 된다.

Note

마늘쫑 장아찌

Story Telling

마늘쫑 : 무기질과 비타민이 풍부하며 마늘과 유사한 효능을 가지고 있다. 혈액순환을 원활하게 하며 피를 맑게 하고 콜레스테롤 수치를 낮춰 주며 대사증후군이나 현대병인 고혈압 · 당뇨 · 비만에 도움을 주는 식품이다.

18

재료 및 분량

마늘쫑 500g
간장 200mL
설탕 150g
식초(2배) 200mL
약초물 200mL

약초물
감초 2개
황기 2뿌리
생강 30g
계피 2g
월계수잎 1장
물 1L

만드는 방법

1. 약초물을 30분가량 끓여 준비한다.
2. 마늘쫑은 깨끗하게 씻어 물기를 제거한다.
3. 냄비에 간장 · 설탕 · 약초물을 넣어 끓이고 식초를 넣어 한번 더 끓으면 식힌다.
4. 유리병을 소독하고 마늘쫑을 담아 둔다.
5. 60℃ 정도 식힌 양념을 마늘쫑에 부어 주고 김이 다 나가도록 열어 둔다.
6. 완전히 식으면 뚜껑을 덮어 밀봉한다.
7. 2~3일(계절에 따라) 후에 양념을 따라 냄비에서 다시 한번 끓여 준다.
8. 완전히 식혀 양념을 부어주고 냉장보관한다.

Check Point

간장 대신 소금으로 간을 하여도 된다. 먹을 때 약간의 고추장, 물엿, 참기름에 버무려도 색다른 맛의 반찬이 된다.

Note

장아찌류, 김치류

더덕장아찌

Story Telling

더덕 : 한방과 민간요법에서 더덕은 천식 · 인후염 · 신장 · 비장 보호에 사용되었고 사삼이라 하여 인삼과 같은 사포닌 성분이 풍부하다. 기력을 내게 하고 장기능을 보호한다. 가을철 더덕은 향이 좋고 비타민과 무기질이 풍부하여 영양과 입맛을 살리는 데 좋다.

19

재료 및 분량

더덕 600g
배 1개
고추장 100g
간장 50mL
매실청 100mL
꿀 100mL
소금 1큰술

만드는 방법

1. 더덕은 끓는 소금물을 60℃ 정도로 식힌 후 30분 정도 담갔다가 껍질을 제거한다.
2. 반으로 갈라 방망이로 살살 두들겨 주고 소금을 소량 뿌린다.
3. 배는 강판에 갈아 즙을 짠다.
4. 배즙에 더덕을 1시간가량 담갔다 건져 하루 정도 말린다.
5. 고추장, 간장, 매실청, 꿀을 섞고 말린 더덕을 버무려 냉장고에 15일 정도 둔다.

Check Point

더덕은 손질 후 양념장에 재웠다가 구이나 무침을 해도 좋다.

Note

배추김치

Story Telling

발효음식문화는 수천 년 동안 이어 오면서 우리민족은 발효음식이 체질에 맞는 음식으로 자리 잡았고 된장 · 간장 · 젓갈류 · 김치 등 다양한 소금 발효음식이 발달하게 되었다. 발효식품의 장점은 저장식품으로 오래도록 먹을 수 있고 효능으로는 몸속의 노폐물을 제거하고 성인병을 예방하는 몸에 이로운 성분들을 가지고 있다. 다만, 염장된 식품이므로 나트륨 수치를 높일 수 있으니 너무 짜지 않게 먹도록 하며 신선한 채소와 함께 먹도록 한다.

20

재료 및 분량

배추 2포기
천일염 300g
무 1/2개
갓 40g
쪽파 30g
찹쌀가루 50g
표고버섯 2장

다시마 5g
대파 2대
멸치 40g
감초 2개
황기 2뿌리
양파 1개

양념장
고춧가루 200g
액젓 100mL
새우젓 3큰술
다진마늘 4큰술
생강 1큰술
간 양파 1/2개

설탕 2큰술
양파청 2큰술

만드는 방법

1. 배추는 씻어 4등분하고 4L 정도의 물에 소금을 풀어 염도 10%의 소금물을 만든 후 배추를 절인다.
(여름 6시간 : 염도 10%, 겨울 12시간 : 15%)
2. 표고버섯 2장, 다시마 5g, 대파 2대, 멸치 40g, 감초 2개, 황기 2뿌리, 양파 1/2개를 넣어 다시 육수를 4컵 준비한다.
3. 물이 식으면 찹쌀가루를 넣어 풀을 쑨다.
4. 찹쌀풀이 식으면 고춧가루 200g, 액젓 100mL, 새우젓 3큰술, 다진마늘 4큰술, 생강 1큰술, 간 양파 1/2개, 설탕 2큰술, 양파청 2큰술을 넣어 양념한다.
5. 무는 채를 썰고 갓과 쪽파는 3cm 크기로 썰어 양념에 버무린다.
6. 소금에 다 절여진 배추를 씻어 물기를 세거한다.
7. 배추 속에 양념을 고르게 채워 준다.

Check Point

배추는 속이 단단하고 신선한 것을 준비하고 계절에 맞게 절임을 해야 한다.

Note

장아찌류, 김치류

동치미

Story Telling

연탄불을 피우고 살던 80년대까지만 해도 연탄가스가 누출되어 많은 생명을 위협하는 사고들이 발생하였다. 그당시 동치미 국물을 마시게 하여 정신을 차릴 수 있게 했던 사례들이 많다. 그 이유는 동치미 국물 속에는 유황 성분이 함유되어 있어 농약중독이나 연탄가스에 중독되었을 때 먹으면 해독하는 역할을 하기 때문이다. 또한 노화와 암을 유발하는 활성산소를 제거하고 구강내 산성을 중화하여 충치를 예방하며 소화를 촉진하는 효능이 있다.

21

재료 및 분량

동치미무 5개
천일염 300g
배 1개
대파 1대
쪽파 30g
마늘 100g
생강 100g
삭힌고추 5개
감초 2개
황기 4뿌리

만드는 방법

1. 무는 씻어 소금에 굴려 3일 정도 절여준다.
2. 감초와 황기를 넣어 5L가량 물을 끓여 식힌다.
3. 마늘과 생강은 편으로 썰어주고 배는 4등분한다.
4. 절인 무를 항아리에 담고 나머지 재료를 넣고 황기 · 감초 · 끓인물에 염도를 맞추고 국물을 부어 준다.

Check Point

동치미에 유자를 넣어 주면 향긋하고 맛이 좋다.

Note

총각김치

Story Telling

총각무 : 어원을 보면 옛날 장가를 못간 남성들은 머리를 뒤로 땋아서 묶었는데 그 모습과 닮았다 하여 총각무라 이름이 불려지게 되었다. 무청이 풍부하고 무의 질감이 부드러우며 다양한 영양소를 포함하고 있다. 특히 비타민과 무기질이 풍부하여 변비예방과 다이어트 및 위장건강에 좋고 무청에는 비타민 C가 사과보다 10배나 많다고 한다.

22

재료 및 분량

총각무 500g
쪽피 30g
찹쌀가루 50g
표고버섯 2장
다시마 5g
대파 2대
멸치 40g
감초 2개
황기 2뿌리
양파 1개

양념장
고춧가루 150g
액젓 100mL
새우젓 3큰술
다진마늘 4큰술
생강 1큰술
간 양파 1/2개
설탕 2큰술
양파청 2큰술

만드는 방법

1. 총각무는 씻어 4등분하고 염도 10% 정도의 소금물에 만든 후 절인다.
2. 표고버섯 2장, 다시마 5g, 대파 2대, 멸치 40g, 감초 2개, 황기 2뿌리, 양파 1/2개 등을 넣어 다시육수를 준비한다.
3. 물이 식으면 찹쌀가루를 넣어 풀을 쑨다.
4. 찹쌀풀이 식으면 고춧가루 150g, 액젓 100mL, 새우젓 3큰술, 다진마늘 4큰술, 생강 1큰술, 간 양파 1/2개, 설탕 2큰술, 양파청 2큰술 등을 넣어 양념한다.
5. 쪽파를 3cm 크기로 썰고 양념에 버무린다.
6. 소금에 다 절여진 총각무를 씻어 물기를 제거한다.
7. 총각무와 양념을 고르게 버무려 준다.

Check Point

총각무는 싱싱한 것으로 준비하고 무청이 많으면 말려 나물이나 국거리로 사용하면 좋다.

Note

발효청

매실청

Story Telling

매실 : 본초강목에 매실은 간과 담을 다스린다(주독을 없애고 설사를 멈추게 하며 몸의 충을 없애고 독을 제거한다)고 소개되어 있다. 민간요법으로 사용하였으며 구연산, 사과산이 많아 피로회복에 좋고 유기산과 비타민은 피부미용에 좋으며, 카테킨산은 장내의 살균작용으로 식중독 예방에 도움을 주고 소화불량에도 효력이 있다. 그러나 덜익은 매실은 독성을 가지고 있고 씨에는 아미그달인이란 독성으로 위염을 일으킬 수 있으므로 청이나 차로 만들어 먹어야 한다.

01

재료 및 분량

청매실 5kg
유기농설탕 5kg
올리고당 500mL

만드는 방법

1. 매실은 깨끗하게 씻어 수분을 하루 정도 체반에 밭쳐 완전 제거한다.
2. 유리병이나 항아리는 끓는 물에 소독하고 수분을 제거한다.
3. 유리병에 매실과 설탕을 3번에 나눠 담고 올리고당을 넣어 준다.
4. 남은 설탕을 위에 덮어 주고 뚜껑으로 밀봉한다.
5. 100일 동안 숙성시킨다.

Check Point

매실은 과육이 튼실한 것을 사용해야 과육청이 많이 나온다. 1주일에 한 번씩 통을 흔들어 설탕이 녹을 수 있도록 한다.

Note

발효청

오미자청

Story Telling

오미자 : 동의보감에 거담 · 청혈 · 보신 · 양오장 · 강음 · 강정 작용을 한다고 되어 있으며, 성분으로는 비타민과 사포닌 및 아르코르브산 등이 항산화작용을 하며 피로회복과 갈증해소 스트레스 해소에 도움을 준다. 5가지 맛으로 신맛 · 매운맛 · 짠맛 · 쓴맛 · 단맛으로 오미를 느낄 수 있는 식품이다.

02

재료 및 분량

오미자 5kg
유기농설탕 5kg
올리고당 500mL

만드는 방법

1. 오미자는 생으로 준비하여 씻어 수분을 제거한다.
2. 담을 유리병나 항아리는 끓는 물에 소독하여 수분을 제거한다.
3. 오미자의 줄기는 떼어낸다.
4. 오미자와 설탕을 3회 정도 나눠 통에 담고 올리고당을 넣어 준다.
5. 남은 설탕을 위에 올리고 뚜껑을 덮어 밀봉한다.
6. 100일 정도 숙성한 후 걸러 보관한다.

Check Point

걸러둔 오미자에 양조식초를 넣어 오미자 식초를 만들어 활용한다.

Note

발효청

복숭아청

Story Telling

복숭아 : 중국문헌에 복숭아는 불로장생의 과일로 알려져 있으며, 가래 · 기침 · 해독작용에 쓰였다. 비타민 C가 풍부해서 피부미용에 좋고 펙틴과 섬유질이 풍부해 변비예방에 좋으며 숙취해소와 니코틴 해독에 도움이 된다.

03

재료 및 분량

복숭아 5kg
(씨를 제거한 복숭아살)
유기농설탕 5kg

만드는 방법

1. 복숭아는 깨끗하게 씻어 수분을 제거한다.
2. 칼로 등분을 나눠 씨를 제거하고 복숭아살을 준비한다.
3. 유리병이나 항아리는 끓는 물에 소독하고 수분을 제거한다.
4. 복숭아살과 설탕을 3회 나눠 담는다.
5. 남은 설탕을 위에 올리고 뚜껑을 덮어 밀봉한다.
6. 100일 정도 숙성시킨다.

Check Point

복숭아는 살이 물러지지 않고 신선한 것을 준비한다. 개복숭아는 기관지염 및 뼈를 강하게 하는 데 효력이 있으므로 청을 만들면 좋다.

Note

발효청

마늘고추청

Story Telling

마늘 : 동의보감에 마늘은 기를 돌게 하고 역(전염병)을 미리 막으며 독을 풀고, 삶아 꿀과 먹으면 기관지염이나 천식에 효능이 있다고 한다. 성분 중 알리신은 항산화작용 · 세포 노화방지 · 암예방 · 살균작용 · 식중독예방 효과가 있다.

고추 : 캡사이신 · 비타민 A · 바타민 C가 풍부하여 다이어트나 스트레스 해소, 식욕증진에 효능이 있고 피로회복 및 감기 예방에도 도움을 준다.

04

재료 및 분량

마늘 3kg
붉은고추 2kg
유기농설탕 5kg
올리고당 500mL

만드는 방법

1. 마늘은 껍질을 제거하고 씻어 수분을 제거한다.
2. 고추는 씻어 꼭지를 떼고 5등분으로 둥글게 썬다.
3. 유리병이나 항아리는 끓는 물에 소독하고 수분을 제거한다.
4. 마늘 · 썬 고추 · 설탕 · 올리고당을 버무려 용기에 담는다.
5. 200일 정도 숙성시켜 사용한다.

Check Point

1년 정도 지난 후 마늘은 꺼내 찬으로 사용하거나 약용으로 먹는다.

Note

발효청

양파청

Story Telling

양파 : 중국요리에 양파를 빼면 요리가 어렵다고 하는데 기름진 음식을 먹을 때 콜레스테롤 수치를 낮춰 주고 고혈압 · 당뇨 · 항암 해독 작용을 하고 스태미너 작용을 하는 것으로 알려져 있다. 비타민 · 칼슘 · 철 성분이 풍부하며 껍질에 더 많은 효능을 가지고 있어 껍질은 차로 마시거나 국물을 내는 데 사용하면 좋다.

05

재료 및 분량

양파 5kg
유기농설탕 5kg
올리고당 500mL

만드는 방법

1. 양파는 껍질을 벗겨 따로 씻어 하루 정도 말린다.
2. 양파를 여러 등분으로 잘라 준다.
3. 양파 · 양파껍질 · 설탕 · 올리고당을 버무려 준다.
4. 유리병이나 항아리는 끓는 물에 소독 후 수분을 제거한다.
5. 버무린 재료를 용기에 담고 남은 설탕을 위에 올린 후 뚜껑을 덮어 밀봉한다.
6. 200일 정도 숙성 후 양념이나 음료로 사용한다.

Check Point

자색양파를 사용해도 좋다. 제철 신선한 국내산 양파를 사용해야 청이 잘 나온다.

Note

당귀발효청

Story Telling

당귀와 당귀잎 : 동의보감에 혈을 다스려 피를 맑게 하고 몸의 장부를 보하며 여성의 하혈을 멈추게 하고 새살이 나게 한다고 기록되어 있다. 당귀는 진통 · 혈압강화 · 냉증 치료에 약재로 쓰여졌고 잎은 비타민 무기질이 풍부하여 혈액순환과 피로회복에 도움을 주며 입맛과 기력을 회복하는 데 효능이 있다.

06

재료 및 분량

당귀잎 3kg
당귀 500g
유기농설탕 3kg
올리고당 1L

만드는 방법

1. 당귀잎은 깨끗이 씻어 수분을 제거한다.
2. 당귀는 씻어 햇볕에 말린다.
3. 유리병이나 항아리는 끓는 물에 소독하고 수분을 제거한다.
4. 당귀잎 · 당귀 · 설탕 · 올리고당을 고르게 버무린다.
5. 용기에 채우고 남은 설탕을 위에 올린 후 뚜껑을 덮어 밀봉한다.
6. 100일~150일 정도 숙성 후 걸러 청을 보관한다.

Check Point

중간에 한 번씩 가스를 빼고 고르게 섞어 준다.

Note

발효청

부추청

Story Telling

부추 : 옛 문헌에 정력에 좋다고 한다.

07

재료 및 분량

부추 5kg
유기농설탕 5kg
올리고당 1L

만드는 방법

1. 부추는 깨끗하게 씻어 수분을 제거한다.
2. 부추는 3등분으로 잘라 준다.
3. 유리병이나 항아리는 끓는 물에 소독하고 수분을 제거한다.
4. 부추 · 설탕 · 올리고당을 고르게 버무린다.
5. 용기에 넣어 준다.
6. 100일~200일 정도 숙성한다.

Check Point

부추는 숙성 후 200일 후에 걸러 청을 다시 보관한다.

Note

발효청

달래청

Story Telling

달래 : 문헌에는 약용으로 위궤양 · 폐결핵 · 자궁출혈 시 지혈이나 뱀에 물린 후 찧어 바르는 데 사용했다고 한다. 비타민과 무기질이 풍부하고 항산화작용을 하는 성분으로 혈액을 맑게 하며 콜레스테롤 수치를 낮추고 면역력을 높여 준다. 특히 멜라닌 색소억제로 피부미용과 노화방지에도 도움을 주며, 불면증 예방에도 효력이 있다. 비타민 C는 열에 파괴되기 쉬우니 무침같이 생으로 먹도록 한다.

08

재료 및 분량

달래 3kg
유기농설탕 3kg
올리고당 500mL

만드는 방법

1. 달래는 이물질을 제거하고 깨끗하게 씻어 수분을 제거한다.
2. 병이나 항아리는 끓는 물에 소독하고 수분을 제거한다.
3. 달래 · 설탕 · 올리고당을 고르게 버무린다.
4. 용기에 넣고 남은 설탕을 위에 올린 후 뚜껑을 덮어 보관한다.
5. 1주일에 한 번씩 뚜껑을 열어 섞어 준다.
6. 100일 숙성하고 청을 따로 보관한다.

Check Point

처음 걸러 낸 달래는 고추장에 무쳐서 찬으로 사용한다.

Note

후식류

두텁떡

Story Telling

두텁떡은 봉우리떡, 합병(盒餠), 후병(厚餠)이라고도 한다. 떡을 시루에 안칠 때 보통 시루떡처럼 고물과 떡가루를 평평하게 안치지 않고 하나씩 떠낼 수 있게 소복소복하게 안치므로 봉우리떡이라고 하며, 편편히 썰어 먹는 것이 아니라 도톰하게 하나씩 먹는다는 뜻으로 두꺼울 후(厚)자를 붙여 후병이라고 한다. 합병은 소를 넣고 뚜껑을 덮어 안치는 격이므로 그릇 중 합과 비슷한 모양이어서 붙은 이름이다.

01

재료 및 분량

찹쌀가루 5컵
거피팥 3컵

소
거피팥고물 1컵
설탕 1큰술
꿀 1큰술
대추 2개
유자청 건더기 1큰술
밤 2개
호두 1개
유자청 2큰술
잣 1큰술
계핏가루 1/2큰술

찹쌀가루 양념
찹쌀가루 5컵
설탕 1/2컵
간장 2큰술

거피팥고물 양념
거피팥고물 3컵
간장 2큰술
설탕 1/2컵
계핏가루 1/2작은술

만드는 방법

1. 찹쌀가루에 간장과 설탕을 넣어 고루 비벼 체에 내린다.
2. 거피팥은 불려 씻어서 열이 오른 찜통에서 30여 분 찐 후에 뜨거울 때 설탕 · 간장 · 계핏가루를 넣어 방망이로 으깨면서 간을 한 다음, 어레미에 치고 넓은 팬에 말리는 상태로 볶는다.
3. 밤은 작은 조각으로 나누고 대추도 씨를 발라 작게 썰고 유자는 곱게 다져 놓는다.
4. 볶은 팥에 설탕과 꿀로 반죽하여 다진 유자와 유자청을 섞고, 밤 · 대추 · 잣을 하나씩 섞어 떡에 넣을 소를 둥글납작하게 만든다.
5. 시루나 찜통에 거피팥고물을 한 켜 깔고, 그 위에 떡가루를 한 수저씩 떠놓고 소를 가운데 하나씩 넣고 다시 떡가루를 한 수저 덮고 전체를 팥고물로 덮는다.
6. 움푹 파인 곳에 먼저 안친 방법대로 떡을 안친다.
7. 김오른 찜통에 30분 쪄낸다.

Check Point

고물을 볶을 때에는 주걱으로 눌러 가며 뒤집어 질지 않고 보슬보슬하게 볶아 어레미에 내려 사용하고, 두텁떡이 다 쪄지면 한 김이 나간 후 숟가락으로 하나씩 꺼내면서 서로 모양을 다듬어 낸다.

Note

후식류

방울증편

Story Telling

증편을 증병, 기주떡, 기지떡, 술떡, 벙거지떡이라고도 한다. 강원도에서는 기장떡 · 기주떡 · 쪽기정, 전남에서는 기정떡, 경북에서는 순흥기주떡, 제주도에서는 기증편이라고도 한다. 술을 넣어 만들어 쉽게 쉬지 않아 여름철에 많이 먹는 떡이다.

02

재료 및 분량

멥쌀가루 $2\frac{1}{2}$컵	설탕 1/4컵
소금 1/4큰술	대추 2개
막걸리 1/4컵	석이버섯 1g
미지근한 물 1/2컵	잣 1/2작은술
생이스트 5g	호박씨

만드는 방법

1. 멥쌀가루에 소금을 넣고, 체에 2번 내린다. 멥쌀가루에 막걸리와 미지근한 물 · 생이스트 · 설탕을 넣고 반죽하여 랩을 덮어 온도가 40~45℃가 유지되도록 하여 2시간 동안 발효시킨다.
2. 반죽이 부풀어 오르면 고루 저어 공기를 빼고 1시간 정도 2차 발효를 시킨다.
3. 대추는 돌려깎은 후에 꽃 모양으로 만들고, 석이버섯은 물에 1시간 정도 불려, 비벼 씻어서 가운데 돌기를 떼어내고 물기를 닦아 곱게 채 썬다.
4. 잣은 고깔을 비늘잣을 만들고 호박씨는 면보로 닦는다.
5. 발효된 반죽은 증편틀에 식용유를 바르고 틀의 2/3 정도 담아서 대추와 석이채 · 잣 · 호박씨를 올려 장식한다.
6. 찜기에 김이 오르면 불을 끄고 증편틀을 넣어서 10분 정도 3차 발효를 시킨다.
7. 반죽이 부풀어 오르면 센불에서 20분 정도 찐 후, 약불에서 10분 정도 뜸을 들인다.
8. 증편은 2분 정도 식힌 후 틀에서 꺼낸다.

Check Point

색증편으로 할 경우 딸기 시럽 · 쑥가루 · 단호박가루 등 천연색소로 물들여 만든다. 증편은 막걸리로 반죽하여 발효과정을 거치기 때문에 소화가 잘 되고 스펀지 케이크 같은 질감이 있어 씹는 맛도 좋은 떡이다.

Note

후식류

약식

Story Telling

찹쌀에 대추 · 밤 · 잣 등을 섞어 찐 다음, 기름과 꿀 및 간장으로 버무려 만든 음식이다. 약밥 · 약반이라고도 하며, 대보름 절식음식이다.

우리나라 말에 꿀을 약(藥)이라 하기 때문에 꿀술을 약주(藥酒)라 하고 꿀밥을 약밥[약식(藥食)]이라 하였으며, 꿀을 넣은 과자를 약과(藥果)라 하였다.

03

재료 및 분량

불린찹쌀 5컵
밤 10개
대추 10개
잣 3큰술

양념장
황설탕 1/2컵
간장 3큰술
캐러멜 1큰술
꿀 3큰술
참기름 3큰술
계핏가루 1/2작은술

만드는 방법

1. 찹쌀을 깨끗이 씻어 일어서 12시간 이상 불린 후 건져 물기를 빼 놓는다.
2. 찜통에 소창을 깔고 찹쌀을 찌는데, 30분 후 소금물을 끼얹고 나무주걱으로 고루 섞어 준 후 30분 정도 더 찐다.
3. 밤은 작은 것은 2등분, 큰 것은 3등분하여 자른다.
4. 대추는 돌려깎기하여 씨를 발라낸 후 2~3등분 길이로 잘라 준다.
5. 잣은 고깔을 뗀다.
6. 2의 찐 찹쌀이 뜨거울 때 큰 그릇에 쏟아 황설탕 · 진간장 · 꿀 · 참기름 · 계핏가루를 넣어 고루 섞은 다음, 밤 · 대추를 넣어 다시 버무린다.
7. 찜통에 소창을 깔고 6의 버무린 약식을 담은 후 중불에서 밤이 익을 정도로 15~20분 정도 찐다.
8. 7의 약식을 큰 그릇에 쏟아 펼쳐 잣을 넣고 고루 섞은 후 담는다.

Check Point

약식을 처음 애벌 찔 때에 충분히 쪄야 고루 푹 익고 간과 색이 잘 배며 잘 굳지 않는다.
약식을 만들 때 간장과 양념이 한쪽에 치우쳐서 얼룩지지 않게 고루 버무려야 한다.

Note

후식류

쌀강정

Story Telling

불린 멥쌀을 쌀알이 퍼지기 직전까지 끓인 후 찬물에 여러 번 헹구고 마지막에 소금물로 헹구어 채반에 널어 말렸다가 식용유에 튀긴 것이다.

04

재료 및 분량

멥쌀 1컵

시럽
설탕 2컵
물엿 2컵
물 6큰술

만드는 방법

1. 멥쌀은 깨끗이 씻어 심이 없을 때까지 끓인다.
2. 익힌 쌀을 바구니에 쏟아 맑은 물이 나올 때까지 헹군다.
3. 마지막 물에 소금을 넣고 3~4분 담가 둔다.
4. 물기를 빼서 망에 얇게 펴 말린다.
5. 말린 밥알을 200℃에서 7초 튀겨 기름기를 없앤다.
6. 시럽 재료를 섞어 시럽을 만들어 중탕으로 하여 굳지 않게 사용한다.
7. 시럽을 약한 불에서 끓이면서 튀긴 쌀을 넣어 골고루 버무려 시럽과 튀긴 쌀이 잘 어울어지면 강정 틀에 식용유를 바르고 나서 비닐을 깔고 쏟아 비닐을 덮고 밀대로 민 다음에 어느 정도 식으면 썬다.

Check Point

쌀의 6~7배의 물을 넣고 20분 정도 끓인다.
말리는 중간에 뭉치지 않도록 비벼 주고, 바싹 마르면 밀대로 밀어 하나씩 떨어지게 한다.

Note

후식류

모약과

Story Telling

밀가루에 참기름을 넣고 비빈 후 소주, 생강즙, 꿀(설탕시럽)을 넣고 반죽하여 네모지게 썰어 기름에 튀겨낸 뒤 조청시럽에 담가 집청한 개성지방의 유밀과이다.
모약과는 모양이 네모나게 모가 졌다 하여 붙은 이름이다.

05

재료 및 분량

밀가루(박력분) 400g
잣 1큰술
호박씨 2g
대추 1개
식용유

약과양념
참기름 4½큰술
꿀 4½큰술
청주 4½큰술
소금 1/2작은술
생강가루 1/2작은술
흰후춧가루
계피가루 1/4작은술

즙청
조청 2컵
물 1/2컵
계핏가루 1/2작은술
생강 20g

만드는 방법

1. 밀가루를 체에 내려 참기름을 넣고 고루 비벼서 다시 체에 내린다.
2. 약과 양념을 만들어 밀가루에 넣고, 고루 섞어 뭉치듯이 가볍게 반죽한다.
3. 밀가루 반죽을 밀대로 밀어 펴서, 3번 접은 후 다시 밀어 펴서 두께 0.5cm 정도로 밀고 가로 · 세로 3.5cm 정도로 자른 후에 5~6군데 구멍을 낸다.
4. 생강을 넣고 즙청을 만든다.
5. 잣은 고깔을 떼고 호박씨와 함께 면보로 닦고, 대추는 면보로 닦아 돌려깎은 후 꽃 모양을 만든다.
6. 팬에 식용유를 붓고 기름 온도가 90~95℃가 되면 약과 반죽을 넣고, 반죽이 기름 위로 모두 떠오르면, 센불로 올려 기름온도가 140~145℃ 정도가 되면 앞뒷면이 갈색이 되도록 튀긴다.
7. 튀겨진 약과를 체에 밭쳐 5~10분 정도 기름을 빼고, 즙청에 넣고 5~6시간 두었다가 체에 건져 2시간 정도 밭쳐 놓는다
8. 약과에 잣과 호박씨 · 대추꽃을 고명으로 올린다.

Check Point

즙청 시럽 만들기
① 물에 생강편을 넣고 끓여 면보에 거르기
② 생강물에 조청, 계핏가루를 섞어 한번 더 끓이기
③ 유자청을 넣으면 더욱 향취가 좋다.

Note

후식류

삼색매작과

Story Telling

매작과는 그 모양이 '마치 매화나무에 참새가 앉은 모습과 같다' 하여 한자로 매화 '매(梅)', 참새 '작(雀)'을 써서 매작과(梅雀菓)라고 하며 손님 접대용의 다과상이나 어린이들 간식용이다.

06

재료 및 분량

밀가루(박력분) 4컵
소금 1작은술
시금치즙 1/3컵
오미자 우린 물 1/3컵
치자 우린 물 1/3컵
생강즙 1/3컵
튀김기름
잣가루 1큰술

양념장
설탕 2컵
물 2컵
꿀 3큰술
계핏가루 1/4작은술

만드는 방법

1. 밀가루에 소금을 넣고 체에 내린다.
2. 흰색 반죽 밀가루에 생강즙을 넣어 반죽하고 나머지 각각의 밀가루에 색을 입히고 생강즙을 넣고 반죽한다.
3. 각각의 반죽을 면보에 싸서 둔다.
4. 흰색 반죽은 밀대로 두께 0.2cm 정도로 밀고, 나머지 삼색 반죽은 각각 두께 0.2cm 정도로 민다. 흰색 반죽에 각각의 색을 들인 반죽을 마주 붙인 다음, 두께 0.2cm 정도로 다시 한번 민다.
5. 밀어 놓은 반죽은 가로 2cm 세로 4cm 크기로 자르고, 중심에 칼집을 길이 2cm 정도로 넣고, 다시 양쪽으로 칼집을 길이 1cm 정도로 낸 다음, 가운데 칼집 사이로 한쪽 끝을 집어 넣고 뒤집는다.
6. 냄비에 설탕과 물을 붓고 약불에서 끓여 시럽을 만들어 식힌다.
7. 팬에 식용유를 붓고 130℃가 되면 만들어 놓은 매작과 반죽을 넣고 튀긴 후, 체에 건져서 기름을 뺀다.
8. 튀긴 매작과를 시럽에 넣고 즙청한 후, 건져서 그릇에 담고 잣가루를 뿌린다.

Check Point

튀김시 보통 튀김요리보다 약간 낮은 온도(140~150℃)에서 젓가락으로 틈이 벌어지지 않도록 하여 모양을 잡아 가며 튀긴다. 밀가루와 물은 3:1의 비율로 되직하게 반죽하여 젖은 면보로 싸 두거나 비닐봉지에 넣어 두면 겉볼 정도로 발랑하게 된다.

Note

후식류

수정과

Story Telling

소화를 돕는 전통음료인 수정과에서 생강과 계피는 모두 몸을 따뜻하게 하는 재료들이다. 수정과(水正果)는 일명 '수전과' 라고도 하며, 계피 · 생강을 달인 물에 설탕을 타서 차게 식힌 후 곶감 · 잣 등의 건지를 띄운 것으로, 곶감의 단맛과 계피와 생강의 매운맛이 잘 어우러져 특유의 향미를 지닌 고유의 전통음료이다.

07

재료 및 분량

통계피 30g
생강 50g
물 6컵
황설탕 1컵
곶감 5개
호두 5개
잣 10g

만드는 방법

1. 생강은 깨끗이 씻어서 얇게 저며, 물 3컵을 붓고 향이 우러나도록 은은하게 끓인다.
2. 통계피도 깨끗이 씻어 나머지 물 3컵을 넣고 끓여 체에 거른다.
3. 1, 2를 섞어 설탕을 넣고 끓여 식힌다.
4. 곶감은 씨를 빼고 깐 호두를 넣어 만 다음, 1cm 두께로 썰어 준비한다.
5. 3을 차게 식혀 곶감 쌈과 실백을 고명으로 하여 그릇에 담아 낸다.

Check Point

수정과는 차게 먹어도 좋지만 따뜻한 차처럼 먹어도 좋고 얼린 후 슬러시처럼 먹어도 좋다.

Note

오미자화채

Story Telling

오미자나무의 열매로 지름 약 1cm의 짙은 붉은 빛깔이다. 단맛 · 신맛 · 쓴맛 · 짠맛 · 매운맛의 5가지 맛이 나서 오미자라고 불리며 그 중에서 신맛이 가장 강하다.

08

재료 및 분량

오미자 1/3컵
잣 1작은술
물 5컵
배 1/4개
설탕 1컵
소금 1/8작은술

만드는 방법

1. 오미자는 씻어서 물 5컵을 넣고 하룻밤 우려내어 얇은 천에 걸러 낸 후 여기에 설탕을 타서 오미자 국물을 만든다.
2. 실백은 고깔을 따서 준비한다.
3. 1의 물을 그릇에 담고 2의 고명을 올린다.
4. 배는 껍질을 벗겨 얇게 저며 화형으로 찍어내어 쓰거나 채를 곱게 썰어 고명으로 띄우기도 한다.

Check Point

오미자는 2~3회 우려내어 처음 우린 것과 섞어 쓰면 맛이 부드러워진다.

Note

후식류

동동주와 막걸리

Story Telling

두 술의 차이점은 발효 후 위에 맑은술과 밥알이 동동 뜨는데 윗부분을 떠낸 술이 동동주이고 나머지 재료를 걸러 섞은 것이 막걸리이다. 알코올 도수가 6~7%되며 유산균이 풍부하고 비타민 B · 비타민 C · 식이섬유 · 탄수화물이 많아 칼로리 보충과 양질의 영양소를 가지고 있어 적당히 음용하면 장의 건강과 성인병예방에 도움을 줄 수 있다.

09

재료 및 분량

쌀 500g
물 1L
누룩 150g

만드는 방법

1. 쌀을 씻어 4~6시간 물에 불린다.
2. 불린쌀은 1시간 가량 채에 밭여 물기를 뺀다.
3. 찜통에 면보를 깔고 40분가량 밥을 쪄낸다.
4. 그늘진 곳에 바람이 잘 통하게 하여 3시간가량 식힌다.
5. 정수물과 누룩을 넣고 밥을 넣어 20분 가량 정성껏 버무린다.
6. 소독된 항아리에 넣어 18~25℃ 온도에서 발효시킨다.

Check Point

발효는 4~7일 정도시키고 발효가 끝나면 걸러 냉장고에 보관한다.

Note

후식류

연잎감로주

Story Telling

연잎 : 하엽이라 불리며 지혈작용 · 어혈제거 · 기침 · 가래해소 등 진정작용을 하며 감기예방과 콜레스테롤 수치를 떨어뜨리는 기능을 한다. 잎을 활용해 차를 만들거나 음식을 보관할 때 향을 내는 용도로 쓰인다. 감로주에서는 술의 향을 더하고 맛과 보관성을 높이는 데 효능이 있다.

10

재료 및 분량

찹쌀 500g
누룩 150g
정수물 600mL
이스트 5g
연잎 4장

만드는 방법

1. 찹쌀을 씻어 4~6시간 물에 불린다.
2. 불린쌀은 1시간 가량 체에 밭쳐 물기를 뺀다.
3. 찜통에 면보를 깔고 40분가량 밥을 쪄낸다.
4. 그늘진 곳에 바람이 잘 통하게 하여 3시간 가량 식힌다.
5. 정수물과 누룩 이스트를 넣어 20℃ 정도에서 30분가량 발효한다.
6. 밥과 연잎을 채를 썰어 5에 넣고 20분 가량 정성껏 버무린다.
7. 큰 연잎에 버무린 재료를 넣고 면실로 묶는다.
8. 소독된 항아리에 넣어 18~25℃ 온도에서 발효시킨다.

Check Point

발효는 4~7일 정도시키고 발효가 끝나면 물을 동량으로 넣어 고르게 섞고 주물러 면보를 밭친 후 걸러 준다.

Note

후식류

치자백국화차

Story Telling

치자 : 한방에서 불면증과 위의 열을 내리는 작용과 항균작용으로 활용되었고 목감기에 효능이 있으며 미용으로 기미 제거 및 여드름 치료에도 효과적이다. 찬 성질을 가지고 있어 해열제 작용도 한다.

국화 : 치자와 같이 찬 성질로 열을 내리고 간의 열을 내려 간기능 회복에 좋고 눈을 맑게 하며 두통, 숙면에 좋으며 피로회복에도 도움을 준다. 백국화는 간의 기능을 도와 어지럼증 · 신경안정 · 눈 건강에 사용되었고 황국화는 풍열을 없애 주고 감기증상에 사용하고 들국화는 독을 풀어주는 데 한방에서 쓰였다.

11

재료 및 분량

치자 4개
백국화 5송이
꿀 2큰술

만드는 방법

1. 마른 치자와 국화는 깨끗한 물에 빠르게 씻는다.
2. 물을 먼저 끓이고 치자를 반으로 갈라 넣어주고 5분가량 끓인다.
3. 국화꽃을 넣어 1분가량 끓인 후 불을 끈다.
4. 식성에 맞게 꿀을 타서 마신다.

Check Point

치자와 국화는 같은 성질로 상승효력이 있으며 환절기 감기예방이나 피로회복에 도움을 주는 건강차다.

Note

후식류

대추생강차

Story Telling

대추 : 오장의 기능을 고르게 강화하여 신경을 안정시키고 노화를 방지한다. 몸이 차고 허약한 체질인 경우 기력을 회복시켜 주며 동의보감에 맛이 달고 독이 없어 장기적으로 먹으면 피부가 좋아지고 젊어진다고 하였다. 당분 · 유기산 · 섬유질이 풍부해서 소화나 장 건강에도 좋다.

생강 : 매운맛을 내는 진저롤 성분은 콜레스테롤 수치를 낮춰 주고 혈액을 맑게 하며 고혈압 동맥경화에도 좋고, 변비 배뇨작용에 도움을 주며 몸안의 독소를 제거하는 기능과 항산화역할로 면역력을 높여 준다.

12

재료 및 분량

대추 50g
생강 100g
꿀

만드는 방법

1. 대추와 생강은 깨끗하게 씻어 준비한다.
2. 생강과 대추를 넣어 끓이고 대추는 씨를 빼서 따로 끓인 후 차에 섞는다.
3. 식성에 따라 꿀을 넣어 먹으면 흡수력도 높이고 맛도 좋다.

Check Point

대추는 생강량을 줄이고 푹 무르게 끓인 후 씨를 제거하고 약간의 계피를 넣어 걸죽하게 끓인 후 믹서에 곱게 갈고 꿀을 넣어 대추차로 활용해도 좋다.

Note

후식류

파뿌리도라지차

Story Telling

파뿌리 : 한방에서 총백이라 하여 감기예방과 양기를 잘 통하게 하며, 알리신이라는 성분이 있어 발한작용 · 항균작용 · 당질을 분해하는 소화촉진작용을 한다. 초기감기나 기관지질환에 꿀과 함께 섭취하면 더 좋다.

도라지 : 동의보감과 민간요법으로 도라지를 말려 약재로 활용하였는데 급성 인후염 치료와 기침과 가래를 해소하는 데 사용되었다. 도라지는 섬유질 · 칼슘 · 철분 · 무기질과 비타민이 풍부한 알칼리성 식품이다. 특히 사포닌 성분이 우수하여 호흡기질환 · 혈관계질환 · 당뇨 · 피부진정 · 면역력 강화에 도움을 준다.

13

재료 및 분량

말린 파뿌리 10g
도라지 5뿌리
대추 5개
꿀

만드는 방법

1. 파뿌리는 깨끗하게 씻어 3~4일 정도 잘 말려 준비한다.
2. 도라지는 표면에 흙을 제거하고 연한 식초물에 담갔다가 깨끗하게 씻어 준다.
3. 냄비에 파뿌리 · 도라지 · 대추를 넣어 강불에 끓이다 중약불로 끓인다.
4. 충분히 1시간 이상 끓인 후 먹기 전에 좋아하는 만큼 꿀을 넣어 준다.

Check Point

도라지는 제철에 씻어 말려 보관하면 차로 활용하기 좋다.

Note

후식류

구기자오미자차

Story Telling

구기자 : 비타민 C 필수아미노산, 미네랄이 풍부하여 과실에는 베타인 성분이 혈압조절, 콜레스테롤 저하, 항균작용, 항암효과, 간기능 개선 등 면역력을 높이는 데 도움을 준다.

오미자 : 한방에서 한약재로 활용되었고 동의보감에는 갈증과 술 해독에 좋고 정신적 안정에 도움이되고 기관지 질환에도 쓰여졌다. 성분은 칼슘, 니코틴산, 인, 철, 비타민 B_1 을 함유하고 있고 사과산, 주석산, 유기산이 풍부해 피로회복에 도움을 준다.

14

재료 및 분량

구기자 20g
오미자 30g
꿀

만드는 방법

1. 구기자와 오미자는 각가 깨끗하게 씻어 준비한다.
2. 구기자는 찬물을 넣어 중약불에서 1시간가량 끓여 준다.
3. 오미자는 정수물에 5시간 정도 색이 우러나도록 담가 둔다.
4. 구기자 끓인 물에 오미자 우린 물을 넣어 60℃ 정도 온도를 맞추고 꿀을 넣어 준다.

Check Point

오미자는 끓이면 떫은맛과 신맛, 쓴맛이 강해져서 우린 후 차로 사용한다.

Note

전통한식과 약선요리

2014년 9월 1일 초판 발행
2017년 3월 1일 재판 발행

저 자 황현주 / 박향숙 / 김귀순 / 김남곤 / 김덕한
박영희 / 원미경 / 이미영 / 이연정 / 황영정

발행인 주 병 오

발행처 총판 지구문화사 JIGU PUBLISHING Co.

경기도 파주시 회동길 209
파주출판문화정보산업단지

영업팀 (031)955－7566 · 7577
편집디자인팀 (031)955－7731
F A X (031)955－7730
홈페이지 www.ji-gu.co.kr
전자우편 jigupub@hanmail.net

ISBN 978－89－7006－707－0 값 25,000원